Enzo Fortunato

LA TUNICA E LA TONACA

Due vite straordinarie, due messaggi indelebili

MONDADORI

Dello stesso autore
in edizione Mondadori

Vado da Francesco
Francesco il ribelle

librimondadori.it

La tunica e la tonaca
di Enzo Fortunato

ISBN 978-88-04-73470-3

I edizione settembre 2020

Anno 2020 - Ristampa 1 2 3 4 5 6 7

Indice

Prefazione

*del cardinale Gualtiero Bassetti**

«Una donna ... gli si avvicinò da dietro e gli toccò il lembo del mantello» (*Lc* 8,43-44). Quella donna, di cui parla il Vangelo di Luca, aveva intuito che nel mantello di Gesù era racchiusa una forza di salvezza. La sua fede venne premiata: non solo fu guarita, ma Gesù la chiamò con il nome di «figlia» e le disse: «La tua fede ti ha salvata. Va' in pace!». È con lo stesso atteggiamento, pieno di rispetto e di fiducia, che ancora oggi possiamo avvicinarci alla tunica di Gesù.

Per questo motivo c'è da essere grati a padre Enzo Fortunato per questo suo studio sugli abiti del Signore e del Santo di Assisi. La lettura ci fa conoscere molti aspetti legati al vestito e al vestire, e alle loro molteplici implicazioni esistenziali, spirituali, ecclesiologiche. Il vestiario non è un accessorio, ma si rivela una porta d'ingresso feconda nella vicenda e nella missione terrena di Gesù e dell'*Alter Christus*. Anche da questo punto di vista, infatti, risalta la scelta di san Francesco di uniformarsi in tutto e per tutto al suo Signore e al Vangelo, a cominciare dall'episodio della «spogliazione», nel quale la restituzione dei vestiti al padre biologico è per il poverello fonte di gioia, per la libertà che il distacco dalle preoccupazioni della «vita precedente» restituisce al suo cuore.

* Arcivescovo di Perugia - Città della Pieve e Presidente della Conferenza episcopale italiana.

Il volume ripercorre pure le vicissitudini della tunica di Gesù e della tonaca di Francesco lungo le vicende della storia e per le strade del mondo, per giungere fino a noi ed essere occasione di pellegrinaggio, preghiera, riflessione, conversione, similmente alla sacra Sindone di Torino. Le pagine del libro suscitano infatti il desiderio – in quanti ancora non lo avessero fatto – di vedere di persona, di avvicinarsi a questa preziosa reliquia.

La scelta di Francesco è scelta di povertà e di libertà: «Nessuno può servire due padroni, perché o odierà l'uno e amerà l'altro, oppure si affezionerà all'uno e disprezzerà l'altro. Non potete servire Dio e la ricchezza» (*Mt* 6,24). La tonaca è un vestito povero, che deve segnalare immediatamente la decisione di servire Dio e non la ricchezza, e manifestare l'adesione alla proposta rivolta da Gesù ai discepoli e a tutti nel versetto successivo: «Non preoccupatevi ... per il vostro corpo, di quello che indosserete; la vita non vale forse più del cibo e il corpo più del vestito?» (*Mt* 6,25).

Il saio, nella sua semplicità, non è però segno di pauperismo, né all'indossarlo si deve accompagnare un giudizio o il disprezzo verso quanti non compiono la stessa scelta. Come nota padre Fortunato, «la tonaca e il cingolo ... erano comuni tra i contadini e dunque assimilavano i Minori agli altri poveri del tempo». Francesco non voleva un abito che ponesse distanze tra sé e la folla di umili che gremiva il mondo della sua epoca, ma al contrario una veste popolare, diffusa, che conferisse a lui e ai suoi frati «l'odore delle pecore». D'altro canto, come ricordano le fonti, se Francesco sceglie una veste che «riproduce l'immagine della croce» ed è «ruvidissima, per crocifiggere la carne e tutti i suoi vizi e peccati, e talmente povera e grossolana che il mondo non avrebbe mai potuto desiderarla» (Tommaso da Celano, *Vita prima*, IX, FF 356-357), al contempo esorta i suoi frati «a non disprezzare e a non giudicare gli uomini che vedono vestiti di abiti morbidi e colorati, ... ma piuttosto ciascuno giudichi e disprezzi se stesso» (Francesco d'Assisi, *Regola bollata*, II, FF 81).

Quella relativa all'abbigliarsi è tra le prime scelte che ogni uomo e ogni donna, almeno quelli che possono permetterselo – ché purtroppo a milioni di esseri umani tale scelta è preclusa dalle ristrettezze –, compie quotidianamente. La tunica e la tonaca aiutano a ricordare che la scelta per il Signore e la sua povertà si rinnova, e deve ripetersi consapevolmente, ogni giorno. Non è fatta una volta per tutte, così come quotidiana deve essere la scelta di nutrirsi della Parola di Dio e di incontrare il Padre nel dialogo della preghiera.

A proposito della povertà di chi non ha da vestirsi, è utile ricordare che oggi i capi di abbigliamento costituiscono per alcuni un bene disponibile in abbondanza (sino allo spreco), ma un lusso inaccessibile per altri. Vestire chi è nudo è una delle opere di misericordia sulle quali saremo giudicati (*Mt* 25,36). Le fonti riferiscono della premura mostrata in molti frangenti da san Francesco d'Assisi verso quei poveri che non avevano di che vestirsi, e della sua abitudine di scucire parti della sua tonaca e donarle, esponendosi al freddo e alla malattia. Quello di rivestire chi è nudo è un gesto che restituisce dignità all'uomo e alla donna e li rende nuovamente persone. Fu Dio stesso il primo a compiere tale gesto: «Il Signore Dio fece all'uomo e a sua moglie tuniche di pelli e li vestì» (*Gn* 3,21).

Con il pensiero rivolto ai sempre più numerosi anziani che popolano le nostre società, approfitto per segnalare un'altra esigenza: per vestirsi occorre avere qualcuno per cui farlo. Quando si è soli, isolati, «scartati» – tale è, per esempio, la condizione di molti che abitano in strutture assistenziali –, si perde facilmente la motivazione che muove alla cura di sé e all'abbigliarsi in maniera propria. È la visita, di un familiare o di un amico, la medicina per questa patologia diffusa. Vestire chi è nudo, dunque, può significare anche offrire con l'affetto motivi per farlo.

Tunica e tonaca non hanno nulla di casuale o privo di senso. È noto come la veste inconsutile di Gesù, ovvero non cucita e formata da un unico pezzo di stoffa, che la tradizione vuole essere stata tessuta dalla Madre del Signore, e che dopo la crocifissione i soldati non osarono dividere anche dopo essersene impadroniti (*Gv* 19,23-24), sia segno dell'unità e indissolubilità della Santa Madre Chiesa di Dio, e come ogni divisione arrechi danno alla bellezza di questa veste.

La tonaca francescana racchiude anch'essa simbologie e suggestioni, a partire dal colore, quello della terra, che richiama l'intera creazione divina, lodata in maniera tanto commovente nel celebre *Cantico delle creature*, da cui papa Francesco ha tratto il titolo della sua enciclica *Laudato si'* sulla cura della casa comune. Quel colore e quella tonaca debbono sempre ricordarci l'urgenza di soccorrere il nostro pianeta sofferente, senza coltivare la folle pretesa di proseguire «imperterriti pensando di rimanere sani in un mondo malato», come il papa ha detto nel corso del Momento straordinario di preghiera in tempo di epidemia, il 27 marzo 2020.

La tonaca di Francesco è tutta intessuta di rattoppi e riparazioni, eseguiti con maestria da santa Chiara d'Assisi, che volle utilizzare un frammento della propria veste per restaurare quella dell'amico. Un gesto che ci ricorda la vocazione del rammendare, del ricucire, ovvero quelle attività che la mistica ebraica della *Kabbalah* racchiude in un'espressione mirante a significare la riparazione del mondo precipitato nel caos. Caos dei conflitti, delle lacerazioni, degli strappi aperti tra popoli e generazioni. Tale impegno di riparazione non è appannaggio di grandi macchinari industriali, ma specialità artigiana, di quanti sono capaci di seminare gratuitamente quella gentilezza amorevole che ricuce e ritesse.

A tutti noi, dai giovani agli anziani, il compito di lavorare ogni giorno per ritessere quei lembi del mantello strappato o lacerato nelle nostre società, affinché tutti vivano in pace e in fraternità.

Auguro a tutti noi, che grazie a queste pagine, come la donna guarita del Vangelo di Luca, «toccheremo» il mantello – la tunica e la tonaca –, di divenire artisti della riparazione del mondo, attraverso la pratica paziente e amorevole del rammendo.

Introduzione

di Franco Cardini

L'ultimo libro di padre Enzo Fortunato mi ha, effettivamente, messo in difficoltà. *La tunica e la tonaca* sembra uno scioglilingua, un gioco di parole: due parole peraltro ormai abbastanza desuete, salvo la prima che si usa abitualmente in fisiologia e in medicina.

Ecco: partiamo proprio da qui. Dal paradosso fra l'estrema familiarità di due cose, di due oggetti, e l'estrema vaghezza delle immagini che ci salgono alla mente quando le udiamo e le leggiamo o le pronunciamo: sino al mistero di qualcosa di simile, ma d'altronde di ormai poco consueto. Non c'è dubbio che in fondo si tratti di una sola parola, del latino *tunica* da cui si è sviluppato il termine tonaca in quel *sermo vulgaris* che molto presto durante il cosiddetto Medioevo ha generato la lingua italiana. Quando? Se i primi attestati lessicali risalgono al IX-X secolo, in realtà si parlava più o meno così da molte centinaia di anni tra la gente, prima che i clerici – i saggi, i colti, evidentemente membri del clero – accettassero di accorgersene. E a quel punto, trattandosi ormai di termini appartenenti a due lingue affini ma diverse, si trattava di tradurre. Di fare quel che Umberto Eco, in uno dei suoi momenti di non rara – beato lui! – genialità, ha definito «dire *quasi* la stessa cosa».

È proprio in quell'avverbio tanto semplice eppure tanto problematico, in quel *quasi*, che sta racchiuso il senso e il mistero dell'impulso che ha spinto Enzo Fortunato a scrivere un libro così. Che è evidentemente, per molti versi drammaticamente, un libro autobiografico. Che cosa mai può spingere un uomo del XXI secolo a vestire un abito come quello, che a volte può anche essere o sembrare un magnifico «abito di scena» ma altre, e più spesso, potrebbe apparire a molti di noi che non lo portiamo una prigione scomoda, alla lunga intollerabile e soffocante? Qualcuno lo ha molto superficialmente paragonato a un'uniforme, una «divisa»: e i rapporti, le somiglianze, senza dubbio ci sarebbero; e parecchi. Ma c'è qualcosa di più. Qualcosa d'insondabile, di terribile, nascosto nelle pieghe di una veste così semplice e così quotidiana.

Purtroppo non abbiamo più, se non in una troppo modesta misura, il senso del simbolo; si riflette poco sul sopra e sul sotto, sul fuori e sul dentro, sulla forma e sulla sostanza. «L'abito non fa il monaco» si dice e si ripete: ma un monaco è davvero monaco senza l'abito, ed è davvero a suo agio se e quando non lo porta? In un bel film di Luciano Salce, vecchio ormai di sessant'anni ma che porta bene la sua età, *Il federale*, il protagonista (un bravissimo Ugo Tognazzi) è un milite fascista che nel '44, in piena *débâcle* del regime, si ostina a mantenere fede – con rozza ma a suo modo commovente lealtà – al suo credo politico: e alla fine viene paradossalmente «premiato» in quanto sente di essersi guadagnato la dignità di vestire l'uniforme di gerarca del partito. Senonché siamo a Roma, il giorno della Liberazione: e coloro che s'imbattono in lui abbigliato in quel modo lo gonfiano letteralmente di botte. Allora un altro personaggio del film, un professore antifascista che durante l'intero film è stato il suo antagonista, ma che ha imparato ad apprezzare la sua schietta onestà, cerca di consolarlo. Lo aiuta a rialzarsi da terra, a ripulirsi alla meglio, e lo conforta: «Guardi che non picchiavano lei: picchiavano la sua divisa!». «Già,» gli risponde il poveraccio «ma dentro la divisa c'ero io!»

Mutatis mutandis e con infiniti *mutanda* da mutare, questa è anche la storia di frate Enzo: e senza dubbio gli è capitato di riflettere, forse addirittura spesso, quando raccoglie applausi e persino ovazioni nel corso di certe conferenze o di certe trasmissioni televisive, trovandosi nel suo saio nero di conventuale – che talvolta le circostanze gli consigliano invece, e opportunamente, di non indossare: ma quello che porta dentro, quello non lo toglie mai –, che quella è una veste di mortificazione e di sacrificio, il segno esteriore addirittura di una disposizione al martirio. Com'è accaduto tante volte nella storia; come accade ancora.

Vesti liturgiche da una parte, vita quotidiana dall'altra. Vi invito a un gesto per moltissimi di noi ormai quotidiano: consultate Wikipedia. Chi poi frequenti le pubbliche biblioteche o possegga enciclopedie e dizionari in casa – io, per evidenti motivi professionali, ne ho moltissimi e di vario genere, in diverse lingue –, li scorra cercando le voci *Tunica* e *Tonaca.* Constaterete stupefatti che i risultati saranno quasi nulli. A meno che non vi addentriate nel mondo di strumenti di consultazione ardui a reperirsi fuori dagli istituti di ricerca scientifica. Tra le scarne notizie reperibili, troverete che la tunica era un indumento usato nel mondo romano, una specie di lunga camicia con corte maniche, e che la tonaca è, nel mondo ecclesiastico, l'indumento – evidentemente derivato da quella – che qualifica gli appartenenti al clero almeno dall'età controriformistica (limitiamoci ovviamente al mondo occidentale). Con espressione alquanto solenne – è il caso di dirlo: paludata – la si definisce «abito talare», e dopo il Concilio Vaticano II è passata piuttosto in disuso nel clero, salvo circostanze solenni; per quanto negli ultimi anni abbia conosciuto una sorta di revival perché usata in alcuni sodalizi ecclesiastici conservatori, non senza intenzione polemica.

Ma padre Enzo non ha scritto alcun trattato né di liturgia né di storia degli usi e dei paramenti ecclesiastici. La sua attenzione parte da due nozioni generalissime e se si vuole archetipiche per giungere a toccare il nucleo intenso e nascosto d'una realtà nella quale cristologia e *imitatio Christi* si toccano.

Da una parte c'è la tunica del Cristo: non un indumento quotidiano, che sarebbe stato reso comunque prezioso da chi lo avrebbe indossato, bensì *quella* particolare tunica.

Non si tratta naturalmente della *chlamys coccinea* che, secondo il Vangelo di Matteo (27,27-28), i soldati della coorte di guardia al pretorio di Pilato fanno indossare a Gesù per dileggiarlo. Tale clamide, un indumento militare che, tinto di porpora, era segno distintivo dell'imperatore, gli era stata poi tolta per fargli di nuovo indossare le sue vesti abituali, e sarebbe stata più tardi posta in rapporto dall'esegesi neotestamentaria con quella veste *rutilans* con la quale già Erode Antipa lo aveva fatto abbigliare secondo Luca (23,11) prima di rimandarlo a Pilato.

Entrambi questi indumenti, simbolo obiettivo di regalità per quanto mal interpretata da chi, senza sapere che cosa stava facendo, li aveva imposti al Salvatore, sono stati messi in rapporto alle *albae stolae* citate nell'Apocalisse (7,9) come indumenti propri dei beati: e *albae* proprio in quanto lavate nel sangue dell'Agnello, talmente prezioso che il suo colore rosso, come accade nel ferro reso rovente al massimo della possibilità, è divenuto candido; quel colore immacolato come la neve che, secondo la tradizione alchemica, veniva assunto dalla massa sottoposta al *magnum opus* nella fase detta appunto dell'*albedo*, successiva alla *rubedo*. Fra età carolingia ed età fràncone, vale a dire fra l'VIII e l'XI secolo, il Cristo crocifisso, nella tradizione occidentale del *Christus triumphans*, veniva appunto raffigurato come sereno, con gli occhi ben aperti e rivestito di clamide imperiale: è questa la tipologia presente in un'immagine notissima, quella del *Volto santo* di Lucca.

La tunica di Gesù non era però la clamide: nel Vangelo appare chiaro come Egli venga inviato al Calvario nelle sue vesti «ordinarie», che gli furono tolte prima che fosse inchiodato sulla croce e che i soldati si spartirono. Non fu loro possibile, però, spartirsi appunto anche la tunica: che, testimonia Giovanni (19,23-24), era *inconsutilis*, cioè tessuta in un solo pezzo di stoffa e quindi priva di cuciture.

Di quella tunica, che i soldati, non potendola spartire, si giocarono a dadi ai piedi del Crocifisso, restano due reliquie illustri: una a Treviri e una ad Argenteuil. Entrambe erano considerate simbolo dell'unità dei cristiani.

È dedicata alla memoria di questa rubrica insigne la «tonaca», abbigliamento distintivo del clero? Ed è in questo senso che anche i francescani portano la loro «tonaca»? Qui il capolavoro, l'intuizione di padre Enzo.

È stato più volte sottolineato che, nella figura e nelle proporzioni, il saio francescano ricorda, con le due larghe maniche cucite perpendicolarmente alla linea delle spalle, il disegno della croce. Ma l'indumento scelto da Francesco non era una tunica, né somigliava in nulla a quello di solito assunto, in vari colori, dai vecchi Ordini monastici presso i quali quell'abito indicava l'appartenenza al clero e il collegamento a una regola.

Entra forse qui in gioco un altro elemento, sul quale probabilmente non si è riflettuto a sufficienza e pare d'altra parte rischioso rifletterci ulteriormente, dal momento che la riflessione storica si traduce sempre, alla fine, in una pratica esegetica delle fonti: che d'altronde è rischioso sollecitare eccessivamente, inducendole a dire altro da quel che possono e vogliono dire. È tuttavia impossibile tacere che non propriamente di *tunica,* quindi di «tonaca», si tratta nel caso di Francesco: quantomeno, non sulle prime. Più tardi, allorché la *fraternitas* dei poveri assisani riunita attorno a lui assumerà, per volontà pontificia, i caratteri canonici di una *religio,* di un Ordine – sia pure non più tradizionale, dato che la via della legittima fondazione di questi sodalizi era stata sbarrata da una precisa disposizione del IV Concilio Lateranense –, l'abito canonico dei *fratres minores* rappresenterà la prosecuzione di quello scelto da Francesco. Diverso il discorso, «semiparallelo», a proposito dei *fratres praedicatores* di Domenico di Caleruega, che continuarono a usare l'abito del loro fondatore, ch'era il medesimo di quando egli era canonico della cattedrale di Osma.

Francesco però non aveva mai pensato, all'inizio della sua *conversio,* né di costituire un Ordine né di doversi dotare di una veste particolare. Fu molto probabile che si sia scelto un abito qualunque, una veste da lavoro simile a quella dei contadini della sua regione e del suo tempo. E nell'Italia del XIII secolo, rimasta arcaica e non allontanatasi dai prischi costumi romani, l'abito degli agricoltori – che spesso erano vecchi legionari ai quali, all'atto dell'uscita dal servizio, veniva concesso in pensione un piccolo appezzamento di terreno da lavorare – era il ruvido camicione lungo più o meno fino al ginocchio, dotato di maniche corte, che avevano portato da militari sotto la *lorica*. Un camicione che nella sua foggia definitiva pare essere stato d'origine celtica o germanica – ma anche su ciò i pareri sono molteplici – che si chiamava *sagum*. È questa la veste tradizionale dei francescani: il «saio» munito di cappuccio, destinato tuttavia a modificarsi fino a scendere molto sotto le ginocchia e a dotarsi di più lunghe maniche. Così com'è, esso è divenuto una forma speciale di «tonaca», il che lo avvicina agli altri abiti religiosi. Eppure sembra quasi conservare un che di originariamente laico e militare, corrispondente, se si vuole, ai caratteri iniziali della vocazione di Francesco e al modo del tutto originale in cui, abbandonando i sogni cavallereschi della gioventù, scopre – com'egli afferma nel suo *Testamentum* – la dolcezza della condivisione della povertà, della malattia, del servizio agli «ultimi».

Una vecchia litania che io ricordo perché a me, oggi ormai ottantenne, è stata insegnata molti anni fa da mia nonna, recitava: «Santa Madre, deh voi fate / che le piaghe del Signore / siano impresse nel mio cuore». Quando la nonna era ammalata da alcuni mesi e non era più in grado di lasciare il letto – allora i vecchi si tenevano e si curavano in casa –, essa era solita rispondere alle vicine che venivano a trovarla e s'informavano della sua salute con una frase ch'era sempre la stessa, pronunziata senza ostentazione, ma anche con un tono di sommessa, ferma fiducia: «Il Signore mi ha fatto l'onore di associarmi alle sue sante piaghe». Ripenso sempre a quella frase, detta con dolore ma anche con serenità, tutte le volte che mi capita d'incontrare le immagini di Francesco stimmatizzato.

Continuo a saper poco sulle stimmate e a capirne meno ancora, specie da quando sono diventate oggetto di sapientissime ma anche accanite dispute tra gli specialisti: mi resta però dinanzi agli occhi l'immagine di quel saio insanguinato e aperto sul costato. Ricordo l'emozione delle prime volte nelle quali mi sono avvicinato a due reliquie ancora esistenti del saio di Francesco: quella della Verna e quella che un tempo era custodita nella chiesa minorita di Ognissanti a Firenze e adesso è nella basilica conventuale di Santa Croce. La seconda ha «inciampato», come la Sindone, nell'esame al carbonio 14, l'isotopo radioattivo del carbonio, che la data a un'ottantina di anni dopo il 1226, quindi ai primi del Trecento. Ma le reliquie non sono articolo di fede: e, per giunta, di solito spostano di poco le problematiche sia storiche sia religiose che le riguardano.

Resta l'*imitatio Christi*, anzi prima di tutto la *sequela Christi*, la volontà di Francesco di seguire in tutto il modello di Gesù, *nudus nudum sequi*, fino alla morte e alla morte di croce. Dante, nell'XI canto del *Paradiso*, ha messo sulle labbra di Tommaso d'Aquino – sintomaticamente del cantore del sacramento eucaristico, l'autore del *Tantum ergo* – l'elogio di Francesco e di Povertà, nudi entrambi sul legno della croce.

È vero: *causa, non poena, facit martyrem.* Francesco non è santo perché ha provato nella sua carne le medesime sofferenze del Salvatore. È santo perché, assumendo alla lettera la massima paolina, ha voluto *mori, et esse cum Christo.* Lo è perché ha saputo essere veramente *alter Christus*: fino a meritare addirittura quell'epiteto così indicibilmente sublime da apparire al limite del blasfemo: «Anticristo mistico».

In ciò l'umile tonaca del Povero di Assisi si presenta così simile alla tunica del Salvatore, a sua volta inconsutile come la Chiesa che deve tornare a riunirsi. Quanto alla «stauromorfia» dell'abito francescano, cioè alla sua somiglianza con la croce, non va dimenticato che a essa sola, come nemmeno a Maria né agli angeli né ai santi, bensì a Dio stesso, si deve il culto non di *dulia* bensì di *latria*: non di venerazione, bensì di adorazione. Nella lingua russa, nella quale come forse in nessun altro idioma moderno sono penetrati a fondo i valori cristiani, la parola «croce» si esprime col termine *krest*, ch'è evidentemente la stessa parola che *Christos.* Vale la pena di riflettere davvero in profondo su quest'identità lessicologico-semantica.

La tunica e la tonaca

Alla Comunità di Sant'Egidio, impegnata a rattoppare un'umanità altrimenti a brandelli.

Alla Cooperativa sociale Auxilium, che cerca di accogliere e riabilitare un'umanità smarrita.

A tutti voi dico: coraggio, coraggio, coraggio.

I
Alla ricerca di due reliquie

> Quello che era da principio, quello che noi abbiamo udito, quello che abbiamo veduto con i nostri occhi, quello che contemplammo e che le nostre mani toccarono del Verbo della vita ... noi lo annunciamo anche a voi, perché anche voi siate in comunione con noi.
>
> PRIMA LETTERA DI GIOVANNI, 1

La nascita di questo libro è frutto di una serie di coincidenze. Era in corso una riunione di redazione per preparare il numero di ottobre 2019 della rivista «San Francesco Patrono d'Italia» e dovevamo decidere il tema per l'editoriale. Volevamo proporre qualcosa di diverso dai soliti approfondimenti, come il simbolismo della lampada votiva o una panoramica delle immagini del Santo. Così è emersa un'idea: parliamo della tonaca di Francesco.

Chiedo ai nostri redattori di ripescare il vecchio numero della rivista che parlava del restauro del «saio», avvenuto qualche decennio fa. Ricordavo bene quel periodo: ero un giovane postulante, giunto solo da un paio d'anni al Sacro Convento di Assisi. Ho ancora davanti agli occhi l'immagine dell'arrivo della tonaca restaurata, un evento eccezionale. Così mi sono detto: sicuramente la rivista ne avrà parlato al tempo!

Ritrovati gli scritti, sfogliando il numero di allora, riscopro questo articolo, a cui al tempo, come ogni buon giovane sbrigativo, non avevo riservato adeguata attenzione. La notizia era di quelle che fanno venire la pelle d'oca: le cuciture del saio di Francesco erano state fatte da Chiara d'Assisi e alcune toppe provenivano proprio dal mantello della Santa. L'immagine, per un credente e, soprattutto, per un francescano, è di una potenza difficile da descrivere. Parla di un'unione di fede e di spirito che va oltre l'immaginabile.

Nel pensare a Chiara che rattoppa la veste di Francesco, mi è venuto in mente il Vangelo di Giovanni, il passaggio in cui viene menzionata la tunica di Gesù, tirata a sorte dai soldati sotto la croce. Caso vuole che nello stesso periodo fossi andato a far visita a don Simone Bruno, direttore delle Edizioni San Paolo, per parlare del libro scritto assieme al caro amico Piero Damosso, *Francesco e il sultano. 800 anni da un incredibile incontro*. Don Bruno mi propone una lettura, il testo di Anne Lécu *Hai coperto la mia vergogna*, un viaggio da Adamo fino a Gesù, su come vestizioni e spogliazioni giochino un ruolo decisivo nel percorso di fede e misericordia.

In parallelo proseguiva la ricerca sul saio di Francesco. Così, è sorto quasi spontaneo l'accostamento tra i due indumenti: la tunica e la tonaca. Ne parlo con Luciano Fontana, direttore del «Corriere della Sera», il quale si mostra entusiasta e ci propone una pagina in esclusiva. Scriviamo così un articolo che farà il giro del mondo, perché nessuno ricordava questa verità storica: il ruolo di Chiara nel rattoppare la tonaca del fondatore dell'Ordine francescano.

Nell'approfondire la ricerca ho avuto l'opportunità di parlare con l'autrice dello studio, risalente al 1988, sulla tonaca di Francesco: l'esperta di tessuti antichi Mechthild Flury-Lemberg, tra le più importanti studiose in questo campo, che ha curato anche il restauro della sacra Sindone di Torino. Ormai anziana – ha più di novant'anni – mi comunica con una partecipazione e un entusiasmo invidiabili le sue impressioni, la gioia dello studio, il fatto che le sue mani avessero toccato la tonaca. Lo ripeteva spesso: l'importanza del toccare. La sensazione, il brivido di prendere parte con i sensi, la vista, l'olfatto e soprattutto il tatto alla storia.

L'emozione, quando pura, avvolge e coinvolge. Mi è subito tornato alla mente l'incipit della Prima lettera di Giovanni: «*Manus nostrae tractaverunt de Verbo vitae*», le nostre mani toccarono il Verbo della vita. «La vita infatti si manifestò, noi l'abbiamo veduta e di ciò diamo testimonianza e vi annunciamo la vita eterna, che era presso il Padre e che si manifestò a noi, quello che abbiamo veduto e udito, noi lo annunciamo anche a voi, perché anche voi siate in comunione con noi.»

Poi un altro avvenimento importante. In occasione di un colloquio assisano con il professor Domenico De Masi, il sociologo mi fornisce un altro spunto: «Guarda quanti rattoppi ci sono» dico io. Lui si china su quell'abito e mi fa: «Padre Enzo, oggi non si ripara più». Eccola, la chiave di tutto! Francesco con questo abito ci dice quanto sia necessario *riparare*. Questa tonaca altro non è che il pezzo finale della vita di Francesco, che riprende uno dei passaggi iniziali del suo cammino spirituale, in quel di San Damiano: «Va' e ripara». L'importanza del riparare: riportare la bellezza, la dignità e l'integrità dell'uomo al centro del nostro agire e del nostro essere.

Abbiamo dedicato al tema un numero speciale della rivista, con la copertina di Mimmo Paladino. La pubblicazione ha avuto ampia diffusione, il mensile infatti ci viene richiesto dai quattro angoli del mondo. Ma non mi sono voluto fermare qui. Mi sono detto: approfondiamo ancora, ricerchiamo, studiamo, riflettiamo, meditiamo. Questo libro è il frutto di tali ricerche, studi, riflessioni e meditazioni.

Per affrontare il viaggio abbiamo tratto varie ispirazioni, cogliendo al volo gli spunti che ci sono arrivati dalla produzione editoriale, giornalistica, letteraria, poetica e artistica a tutto tondo, ispirata alle due figure. A dire il vero, almeno per quanto riguarda gli scritti sulla tunica di Cristo, sono poche le tracce a cui abbiamo potuto far riferimento. Al contrario, la produzione relativa al Santo di Assisi, anche recente, è piuttosto ampia.

Frate Francesco, di Grado Giovanni Merlo, così come *Francesco d'Assisi*, di Franco Cardini, *Storia di Chiara e Francesco*, di Chiara Frugoni. Potente è la provocazione di Carlo Bo, il quale col suo *Se tornasse san Francesco* invitava a immaginare un incontro con il Santo. Saremmo in grado di cogliere e accogliere quel richiamo alla povertà e, aggiungiamo noi, alla semplicità, di fronte al quale ci mettono le parole e l'esempio di Francesco?

Penso poi al *Doppio ritratto. San Francesco in Dante e Giotto* di Massimo Cacciari, e, sfruttando il collegamento artistico, penso anche al maestro e amico Philippe Daverio e alle sue magistrali lezioni sull'arte giottesca assisana, e non solo nel programma Rai «Passepartout». Ma anche a *Francesco, il musical*, di Vincenzo Cerami e naturalmente a *Lu santo jullare Francesco*, del genio Dario Fo. Vasta anche la produzione cinematografica, a partire dal *Poverello di Assisi* di Enrico Guazzoni (1911) fino a *Francesco, giullare di Dio* di Rossellini (1950), e a *Fratello Sole, sorella Luna* di Zeffirelli (1972), passando per *Francesco*, variazioni sul tema a opera di Liliana Cavani (1989) e l'inedito *Frate Francesco* di Michelangelo Antonioni (1982).

Non posso poi non citare i testi di quello che è per me un vero e proprio punto di riferimento, culturale, spirituale e umano: il cardinale Gianfranco Ravasi. Due sue pubblicazioni, snelle e al tempo stesso profonde, *Mattutino* e *Breviario laico*, costituiscono un appoggio sicuro e ispiratore nei momenti più disparati di una singola giornata e di una vita intera.

La comparazione che proporremo nella *Tunica e la tonaca* non è altro che la comparazione tra Gesù di Nazaret e Francesco d'Assisi. Un «itinerario spirituale» per certi aspetti già indagato. Viene in mente *Seguire Gesù con san Francesco*, del teologo Bruno Forte. Il nostro sarà un parallelismo tra i due personaggi, attraverso i loro indumenti. Forse potrà suonare come un azzardo o una forzatura. C'è sicuramente anche chi storcerà il naso. Ma quello che ci premeva raccontare è l'affinità elettiva e la grandezza delle due figure che accompagnano e riempiono le vite di tanti di noi.

Non nascondiamo anche un'ambizione particolare: che questa comparazione possa fungere non solo da spunto di riflessione spirituale, ma anche da ispirazione pratica e sociale. Non dimentichiamo certo che il corpo è più del vestito, come insegna il passaggio evangelico: «Perciò io vi dico: non preoccupatevi per la vostra vita, di quello che mangerete o berrete, né per il vostro corpo, di quello che indosserete; la vita non vale forse più del cibo e il corpo più del vestito?» (*Mt* 6,25). Ma è pur vero – ce lo suggerisce Giovanni Lo Storto, direttore generale della Luiss Guido Carli, nell'articolo *Lo stile è l'uomo*, pubblicato nel numero della nostra rivista dedicato proprio alla tonaca di san Francesco – che sarebbe ingenuo ignorare che «non c'è tempo né luogo in cui uomini e donne non abbiano espresso, per mezzo dell'abbigliamento, il proprio modo di stare al mondo – lo status, la carica ricoperta o il mestiere svolto, il rispetto di norme e consuetudini o l'intenzione (e forse la capacità, simboleggiata proprio dagli abiti) di saperle rompere – o dettare».

Gesù e Francesco hanno segnato due punti di rottura unici nella storia dell'umanità. Interrogarsi su ciò che questi due uomini straordinari hanno indossato e sul valore e il significato di tali vesti può avere un'importanza attuale, come attuale e urgente è ancora oggi, e forse più che mai, il messaggio cristiano e francescano. Prendendo di nuovo come spunto le sagge parole del professor De Masi, vediamo come la tonaca del Santo, custodita nella basilica di Assisi, sia sintesi della dottrina socioeconomica elaborata e vissuta da san Francesco. Il sociologo ce lo ricorda in un articolo pubblicato sul sito sanfrancescopatronoditalia.it: «Non si tratta di un abito tagliato in un unico pezzo di stoffa ma di un collage, un patchwork di toppe che testimonia l'atteggiamento anticonsumista di Francesco, la sua assoluta preferenza per la soddisfazione dei bisogni immateriali».

«Tutti siamo chiamati a essere poveri, spogliarci di noi stessi; e per questo dobbiamo imparare a stare con i poveri, condividere con chi è privo del necessario, toccare la carne di Cristo! Il cristiano non è uno che si riempie la bocca coi poveri, no! È uno che li incontra, che li guarda negli occhi, che li tocca.» Sono le illuminanti parole del Santo Padre, papa Francesco, nella sua storica prima visita ad Assisi il 4 ottobre 2013.

Di nuovo, l'importanza del toccare con mano il tessuto della vita, in tutte le sue pieghe. Toccare la povertà, l'umiliazione e, in tempi di pandemia, la malattia, la solitudine, la disperazione. Accettare la propria condizione di spogliati, come hanno fatto Gesù e Francesco. E rivestirsi, grazie a loro, della speranza e della fede. Per tornare, infine, al punto di partenza: «E la nostra comunione è con il Padre e con il Figlio suo, Gesù Cristo. Queste cose vi scriviamo, perché la nostra gioia sia piena» (*1 Gv* 1).

Si apre un grande cammino dinanzi a noi, almeno lo spero, per me e per voi. Riscoprire l'importanza della spiritualità dei gesti o, come afferma il teologo Pierangelo Sequeri, la «teologia del gesto».

La nostra spiritualità diffida di chi tocca, di chi balla, di chi bacia, di chi stringe le mani, di chi desidera donare una carezza, di chi a volte vuole farsi dono; diffida della corporeità e delega alla mente la relazione con il sacro e con la preghiera. Invece il Vangelo è questione di cuore, che diventa impegno... con una tunica, con una tonaca e con il nostro cammino.

È vero che Gesù nel Vangelo ci ricorda: «Beati quelli che non hanno visto e hanno creduto!» (*Gv* 20,29). Una fallace interpretazione ha messo in secondo piano i sensi di cui gli occhi sono emblema, e lasciato spazio alla mente e all'anima, che credono senza vedere.

Gesù indica la fede cieca come via di santificazione, ma lo fa come punto di arrivo. L'importante è vedere, sperimentare, toccare.

Gesù si lascia vedere dagli apostoli. Invece di «costringere» Tommaso a fidarsi, torna dal suo discepolo e si lascia toccare da lui.

Così il discepolo Francesco ci invita alla spiritualità dei gesti. Non è forse Tommaso da Celano a ricordarci che l'Assisiate «non era tanto un uomo che prega, quanto piuttosto egli stesso tutto trasformato in preghiera vivente»?[1]

[1] Tommaso da Celano, *Vita seconda*, LXI, FF 681.

La tunica e la tonaca rappresentano la strada e la spiritualità dei gesti. Mi sovviene la testimonianza di un'insegnante che mi ha confidato come uno dei suoi alunni le abbia detto: «A me piace papa Francesco, perché quello che dice si vede».

II

Storia ed etimologia di un abito: la tunica e la tonaca

Il Signore Dio fece all'uomo e a sua moglie tuniche di pelli e li vestì.

GENESI 3,21

Per cercare il senso di un termine, non c'è modo migliore che partire dalla sua «genesi». Ci troviamo nel giardino di Eden, dove Dio pose l'uomo, maschio e femmina, creato «a sua immagine»: nudo e senza alcuna vergogna. Poi, il serpente, l'albero della conoscenza del bene e del male e il peccato originale: quando Adamo ed Eva mangiarono il frutto proibito, «allora si aprirono gli occhi di tutti e due e conobbero di essere nudi; intrecciarono foglie di fico e se ne fecero cinture» (*Gn* 3,7). È a quel punto, nel momento della «caduta», che avviene lo strappo tra la natura dell'uomo e la natura di Dio. Ma il Creatore non abbandona la propria creatura, anzi la avvolge in tutta la sua misericordia: «Il Signore Dio fece all'uomo e a sua moglie tuniche di pelli e li vestì». La cintura che si erano ingegnati a fare non era sufficiente, arriva così il manto di Dio: la prima tunica. Un abito nuovo, da un lato simbolo delle conseguenze del peccato, dall'altro abbraccio riparatore e misericordioso, in grado di accompagnare i primi uomini verso la loro vita fuori dal paradiso terrestre.

Questo abbraccio riparatore non riguarda però solo Adamo ed Eva, ma avvolge tutti noi. Adamo: in ebraico «uomo» o «nato dalla terra», un nome che, secondo la lettura che ne dà sant'Agostino, significa «tutto l'universo». Le quattro lettere che lo compongono in greco – A, D, A e M – corrispondono infatti alle iniziali dei quattro punti cardinali.[1] Una prima bussola, per orientare il nostro percorso.

La *tunica*, come vediamo, è l'abito che ha accompagnato l'umanità fin dalla Genesi attraverso le varie epoche. Cercando qua e là tra le cose terrene, ci viene in aiuto il dizionario, dove la parola «tunica» è definita «indumento caratteristico dell'abbigliamento maschile e femminile dei popoli antichi».[2] Per Marco Terenzio Varrone,[3] se la parola «toga» viene da *tegendo*, che significa «coprire», il termine «tunica» deriva dal verbo *tuendo*, proteggere: «*Tunica ab tuendo corpore*», «per proteggere il corpo». Per questo senso di protezione, «le membrane delli occhi, e delli frutti si dicono tuniche».[4] Il termine è infatti d'uso trasversale: lo troviamo anche in anatomia col significato di «guaina», «strato concentrico di organi cavi (arterie, stomaco) o di rivestimento di altri (tunica vaginale e tunica albuginea del testicolo)».[5] Un rivestimento, una protezione, un riparo dalle intemperie e dalla corruzione che viene dall'esterno: ritorna l'abbraccio di Dio sulle cose, sugli organi, sull'umanità tutta e sulle nostre anime.

Riavvolgiamo il nastro e torniamo alla definizione che più ci interessa al momento, e cioè all'indumento: si tratta di una «veste lunga e con maniche lunghe, usata dagli antichi», è questa in poche parole la definizione che ne dà Gaetano Moroni, nel *Dizionario di erudizione storico-ecclesiastica*.[6] Insomma, l'abito per eccellenza degli antichi – egizi,

[1] Gianfranco Ravasi, *Mattutino*, Casale Monferrato, Piemme, 1993.
[2] Devoto Oli, *Dizionario della lingua italiana*.
[3] Marco Terenzio Varrone, *De lingua latina*, V, 23.
[4] Filippo Buonarroti, *La gerarchia ecclesiastica considerata nelle vesti sagre e civili*, Roma, 1720.
[5] Treccani, *Dizionario di medicina*.
[6] Gaetano Moroni, *Dizionario di erudizione storico-ecclesiastica da san Pietro sino ai nostri giorni*, vol. 77, Roma, 1856.

fenici, ebrei, etruschi e romani – delle più diverse estrazioni sociali: da indumento casalingo per i «padroni» a «unica veste», citando l'*Enciclopedia italiana*, «indossata dal ceto più basso della popolazione, il quale fu perciò chiamato *tunicatus populus*».[7] Ciò che cambiava, semmai, erano i dettagli, come la forma e il tessuto: «Alcune erano larghe, altre più strette, alcune di lana, altre di lino, secondo la condizione delle persone che se ne servivano».[8] Ancora il Moroni prosegue con una bella e ampia descrizione che ci permette, attraverso la lettura, di vedere con la mente e con gli occhi le caratteristiche di un indumento:

> Fu vestimento che portavasi immediatamente sul corpo, ed era comune ad ambo i sessi. Ne fecero uso quasi tutti gli antichi popoli, ma gli uni la portavano con maniche, altri senza; pe' primi era molto larga, assai più stretta presso gli ultimi.

Poi si va nei dettagli tessili. Prosegue il Moroni:

> Componevasi ordinariamente di due pezzi, che offrivano a un dipresso la figura d'un quadrilungo [cioè un quadrilatero]; l'uno copriva il petto, l'altro il dorso, ed entrambi univansi sulle spalle agli angoli superiori, lasciando in mezzo un'apertura per la quale usciva la testa. I due pezzi avvicinavansi sotto le ascelle, sempre allargandosi al basso, con una marcata differenza pegli uomini e le donne.

In ultimo, gli elementi che la rifiniscono:

> La tunica tenevasi soggetta con una cintura, lasciandosi alle membra la libertà e la facilità de' movimenti. La cintura si assumeva quando si usciva dalla propria casa, giacché nell'interno portavasi senza alcuna cintura.[9]

Diffusa anche nel Medioevo, quando la tunica «viene portata sopra l'armatura (*turnicle*, o *Turnikel*) ed è allora veste

[7] Goffredo Patriarca, Gabriella Aruch Scaravaglio, *Enciclopedia italiana*, Treccani, 1937, alla voce «Tunica».
[8] Filippo Buonarroti, *La gerarchia...*, cit.
[9] Gaetano Moroni, *Dizionario di erudizione...*, cit.

lunga e stretta».[10] Fino all'età moderna e contemporanea, quando «riappare brevemente nel costume femminile con la veste classicheggiante, durante il Direttorio; ritorna ancora nel 1870 e nel 1911».[11]

Ma c'è – facendo un balzo indietro, di nuovo al tempo degli antichi romani, nello specifico all'anno 33 d.C. – una tunica particolare, protagonista di uno snodo fondamentale delle Sacre Scritture: siamo sul Golgota e le tre croci, con quella di Cristo al centro, sono già innalzate.

> I soldati poi, quando ebbero crocifisso Gesù, presero le sue vesti, ne fecero quattro parti – una per ciascun soldato –, e la tunica. Ma quella tunica era senza cuciture, tessuta tutta d'un pezzo da cima a fondo. Perciò dissero tra loro: «Non stracciamola, ma tiriamo a sorte a chi tocca». Così si compiva la Scrittura che dice: *Si sono divisi tra loro le mie vesti / e sulla mia tunica hanno gettato la sorte.* E i soldati fecero così (*Gv* 19,23-24).

La tunica di Gesù, testimonia l'evangelista Giovanni, è «senza cuciture, tessuta tutta d'un pezzo da cima a fondo». Tra poche pagine, parleremo approfonditamente della veste di Cristo, ma l'immagine della croce ci aiuta per il momento a passare all'analisi di un altro termine, che della tunica è diretta derivazione: la tonaca.

Tornando ad altri testi, sfogliamo a ritroso il vocabolario, tra i vari lemmi ne troviamo la definizione: «Veste ampia e lunga, non modellata e spesso cinta da un cordone o cintura alla vita, propria dei frati e delle monache».[12] L'abito talare arriva come figura retorica a identificare la vita religiosa nel suo insieme: per esempio con l'espressione «vestire la tonaca».

Un tessuto in particolare – il lino – viene poi avvicinato alla sfera religiosa. L'origine di questo accostamento va ricercato «ne' principii della nascente Chiesa da san Giaco-

[10] Goffredo Patriarca e Gabriella Aruch Scaravaglio, *Enciclopedia Italiana*, cit.
[11] *Ibid.*
[12] Devoto Oli, *Dizionario della lingua italiana*, cit..

mo apostolo, il quale usava solamente veste di lino; e questo era proprio vestimento sacerdotale».[13]

È poi sempre Moroni a guidare la nostra ricerca quando annota come la tonaca, avendo la forma di una croce, va a «denotare come gli ecclesiastici devono imitare Gesù Crocifisso; e la sua lunghezza dicesi significare la perseveranza finale dell'opere buone».

Ma c'è anche chi, magistralmente, ha dato un'altra chiave di lettura del senso e soprattutto dell'utilità di una simile veste:

> I monaci avevano inventato un abito che, mentre assolveva da solo alle esigenze di contegno (maestoso, fluente, tutto d'un pezzo in modo da cadere in pieghe statuarie), lasciava il corpo (dentro, sotto) completamente libero e dimentico di sé. I monaci erano ricchi di interiorità e sporchissimi: perché il corpo, difeso da un abito che nobilitandolo lo affrancava, era libero di pensare e di dimenticarsi.[14]

Sono le parole di Umberto Eco, scritte in un articolo del 1976: una veste – in questo caso la tonaca monacale – come strumento che non costringe l'uomo e che dunque diventa funzionale alla spiritualità. L'abito, insomma, fa davvero il monaco!

È un uomo, non un monaco ma un frate – il primo frate –, a essere stato fulgido esempio di spiritualità. «Nacque al mondo un sole»,[15] le eterne parole di Dante, il quale in pochi versi riuscì a cogliere l'intensa spiritualità di Francesco. Sarà un caso che uno dei primi gesti che hanno portato alla conversione del Santo di Assisi sia stato quello di spogliarsi dagli abiti «civili», per abbracciare in maniera integrale il messaggio cristiano, l'esempio sacrificale di Gesù. Francesco, l'uomo di Dio la cui perseveranza nell'opera-

[13] Giovanni Marangoni, *Delle cose gentilesche, e profane: trasportate ad uso, e adornamento delle chiese*, Roma, 1744.

[14] Umberto Eco, *Il pensiero lombare o del vivere in jeans*, «Corriere della Sera», 12.08.1976.

[15] Dante Alighieri, *Divina Commedia, Paradiso*, XI.

re il bene è stata a dir poco rivoluzionaria. Quel Francesco che ci illumina la via e che in un altro testo abbiamo definito provocatoriamente «ribelle».[16] Così ribelle da predicare la povertà e la semplicità della Chiesa, a partire da se stesso e dai suoi compagni.

È l'imperatore filosofo del II secolo, Marco Aurelio, nei suoi *Colloqui con se stesso*, a ricordarci di scavare dentro di noi. Riecheggiano le affermazioni rispettivamente socratica e agostiniana «Conosci te stesso», «Ti cercavo fuori di me, ma tu eri dentro di me». Siamo capaci di grandi viaggi, ma incapaci di varcare quei pochi centimetri che ci separano dalla nostra interiorità. Francesco ha attraversato quei pochi centimetri.

Dalla superficie dei gesti quotidiani, fino alla profonda interiorità dell'anima, passando per ciò che si indossa.

> Gli altri frati poi che hanno promesso obbedienza, abbiano una sola tonaca con il cappuccio e un'altra senza cappuccio, se sarà necessario, e il cingolo e le brache.[17]

È in questo suo precetto, un invito a spogliarsi del superfluo, narrato da Tommaso da Celano, che intravediamo l'essenza di un peccatore, di una persona «semplice e idiota» come il Santo stesso si definiva.[18] È questa la prima volta che incontriamo il termine «tonaca» nelle Fonti Francescane.[19]

Una veste che viene data all'uomo per coprirsi dal peccato e nel peccato. Una veste che sulla croce viene presa al figlio di Dio e tirata a sorte. Una veste che identifica una vocazione e che in san Francesco, l'erede più prossimo di Gesù, incarna il messaggio universale «della santissima povertà».[20]

Quest'ultima rappresenta non un cammino di privazione,

[16] Enzo Fortunato, *Francesco il ribelle*, Milano, Mondadori, 2018.
[17] Francesco d'Assisi, *Regola non bollata*, FF 8.
[18] Francesco d'Assisi, *Della vera e perfetta letizia*, FF 278.
[19] Lo stesso termine, declinato al plurale, è presente poche righe prima (*Regola non bollata*, FF 7): «Il ministro gli conceda i panni della prova, per un anno, e cioè due tonache senza cappuccio e il cingolo e le brache e il capperone fino al cingolo».
[20] Tommaso da Celano, *Vita prima*, XV, FF 388.

bensì di liberazione. Diventare ciò che siamo. Vorrei che le pagine di questo testo ci conducessero a diventare ciò che siamo. Sovvengono le parole di Jean Giono:

> Ciò di cui ti defraudano è: vento, pioggia, neve, sole, montagne, fiumi e boschi, la vera ricchezza dell'essere umano! Tutto è fatto per te. Nella profondità delle tue vene nascoste tu sei fatto per tutto. Quando la morte viene, non ti rammaricare. È la logica prosecuzione. Cerca soltanto di essere più ricco che puoi. In ogni momento diventa ciò che sei.

È la voce di un uomo che ha dedicato la sua vita al pensiero della vera ricchezza. Già nel 1937 scriveva queste parole che non hanno perso niente della loro profondità profetica:

> Prima di poter essere felice devi distruggere la società che si costruisce sul denaro. È vero che il possesso torna a onore dell'uomo, se ciò che possiede è degno della fatica. Ciò che ti offrono non è degno della fatica, ti rendi ben conto che il nostro tempo è insicuro e vacillante; troppe persone sono private delle loro gioie naturali. Tutte. Poiché il più ricco non si è arricchito; resta sempre un pover'uomo. Non ti dico di sacrificarti per la generazione futura – sono modi di dire con cui si inganna la generazione attuale –, ti dico: fonda tu la società che trovi giusta. Per venire, essa ha bisogno soltanto di una piccola spinta da parte tua.[21]

La verità di questa affermazione e della povertà francescana è che continuare a ricorrere a ciò che abbiamo ci impedisce alla fine di essere e di vivere quello che siamo. La tunica e la tonaca rappresentano o potrebbero rappresentare il cammino che ci conduce a essere fonte d'amore.

[21] Jean Giono, citato da Eugen Drewermann, *Il Vangelo di Marco*, Brescia, Queriniana, 1994, p. 303.

III

Alla ricerca della tunica di Gesù

> Dopo il fuoco, il sussurro di una brezza leggera.
> Come l'udì, Elia si coprì il volto con il mantello,
> uscì e si fermò all'ingresso della caverna.
>
> PRIMO LIBRO DEI RE 19,12-13

Adamo ed Eva, come abbiamo visto, furono i primi a indossare una tunica. Ma nel cammino biblico che ci porta dal giardino di Eden fino alla croce sul Golgota, capita altre volte di imbatterci in tuniche o vesti di pelli d'animale. Sempre nella Genesi, viene citata la tunica di Giuseppe, figlio di Giacobbe: «Israele amava Giuseppe più di tutti i suoi figli, perché era il figlio avuto in vecchiaia, e gli aveva fatto una tunica con maniche lunghe» (*Gn* 37,3).

Altri episodi vengono ben descritti da Anne Lécu nel suo recente testo *Hai coperto la mia vergogna*.[1] Nell'Antico Testamento, troviamo le pelli dei capretti a rivestire le braccia di Giacobbe, il quale, grazie a questo «trucco», riceve al posto del fratello Esaù la benedizione dall'ormai cieco e morente padre Isacco (*Gn* 27). Teli di pelo di capra e pelli di montone (*Es* 26,7 e 26,14) ricoprono la Dimora, l'ambiente sacro la cui costruzione Dio chiede a Mosè e che ospita l'Arca dell'alleanza, la cassa che custodisce la «Testimonianza», le tavole della Legge. Poi, nel Primo libro dei Re,

[1] Anne Lécu, *Hai coperto la mia vergogna*, Cinisello Balsamo, San Paolo, 2019.

il mantello serve al profeta Elia per coprire il proprio volto e andare incontro a Dio, perché sa che, «per vedere Dio, bisogna chiudere gli occhi. Potremo riaprirli soltanto davanti alla croce».[2] L'ultima veste fatta di pelli di animale che incontriamo, questa volta nel Nuovo Testamento, è quella che indossa Giovanni Battista, il quale, secondo i Vangeli di Marco e Matteo, portava un vestito di peli di cammello e una cintura di pelle ai fianchi.

C'è un fatto, raccontato dal Vangelo di Luca, che ha del leggendario e che lega le esperienze di Giovanni Battista e Gesù, prima ancora della nascita di entrambi: Elisabetta, madre di Giovanni, riceve la visita della Vergine Maria. Alla presenza della Madonna, il bimbo che Elisabetta porta in grembo sussulta, riempiendo la madre di Spirito Santo. In un'omelia del 1985 Eugen Drewermann diede la propria lettura di quest'episodio come di un passaggio che richiamava la teologia della Chiesa delle origini. Un passaggio grazie al quale possiamo vedere come Giovanni Battista considerasse se stesso colui che con le sue opere prepara la venuta di Cristo:

> Giovanni Battista e Gesù sono interiormente legati, ed è un'esperienza dell'anima quella che questa prodigiosa leggenda descrive, narrando che Giovanni salutò con grande gioia la venuta di Gesù, in un certo senso ancor prima di venire al mondo. In realtà Giovanni Battista e Gesù sono incarnazioni di due maniere completamente diverse di rispondere al problema del nostro essere uomini. Entrambi concordano sul fatto che il modo in cui viviamo non è una vita umana, e che tutto deve cambiare per avvicinarsi un po' a Dio.[3]

Qualche lustro dopo quell'episodio, avviene il «passaggio di testimone». Con l'arrivo di Gesù, nessuno nelle Sacre Scritture avrà più bisogno di vestire pelli di animali.

[2] *Idem*, p. 52.

[3] Eugen Drewermann, *Il cielo aperto. Prediche per l'Avvento e il Natale*, Brescia, Queriniana, 1997. Nel citare questo autore, prendo alcuni spunti, non certo quelli che vanno contro il sentire ecclesiale.

«Questi è il Figlio mio, l'amato: in lui ho posto il mio compiacimento» (*Mt* 3,17). Così come Dio, nella sua misericordia, fece vesti per i primi uomini, così Cristo si fa veste per noi e diventa egli stesso la nostra protezione. Dalla misericordia del Padre alla misericordia del Figlio. Dal latino *misereo*, aver pietà, e *cor-cordis*, cuore: la misericordia è quel sentimento per il quale la miseria altrui tocca le corde del nostro cuore.

«Gesù Cristo è il volto della misericordia del Padre» ha ricordato papa Francesco nell'indire il Giubileo straordinario della misericordia, che si aprì l'8 dicembre 2015. Il mistero della misericordia come «condizione della nostra salvezza» e come «atto ultimo e supremo con il quale Dio ci viene incontro». È sempre emozionante rileggere questa bolla di papa Bergoglio, fonte di ispirazione e di speranza. Ma c'è un passaggio in particolare che a nostro avviso è di rara potenza:

> La prima verità della Chiesa è l'amore di Cristo. Di questo amore, che giunge fino al perdono e al dono di sé, la Chiesa si fa serva e mediatrice presso gli uomini. Pertanto, dove la Chiesa è presente, là deve essere evidente la misericordia del Padre. Nelle nostre parrocchie, nelle comunità, nelle associazioni e nei movimenti, insomma, dovunque vi sono dei cristiani, chiunque deve poter trovare un'oasi di misericordia.

Dalla purezza dell'Altissimo alla semplicità della vita di tutti i giorni. La forza del pontificato di Francesco sta proprio in questo: nel riuscire a conciliare l'insegnamento dell'Onnipotente con le miserie degli ultimi, nel portare la parola di Dio e di suo figlio Gesù «nelle più disparate periferie esistenziali, che spesso il mondo moderno crea in maniera drammatica». La misericordia come salvezza ultima e al tempo stesso come strada da percorrere per trovare la connessione più intima e vera dell'uomo con Dio, in quanto «apre il cuore alla speranza di essere amati per sempre nonostante il limite del nostro peccato».[4]

[4] Papa Francesco, *Misericordiae vultus*, Bolla di indizione del Giubileo straordinario della misericordia, San Pietro, Roma, 11.04.2015, www.vatican.va.

Nel leggere tali profonde parole, nelle nostre menti echeggiano quelle che Francesco d'Assisi mise per iscritto nella *Lettera a un ministro*. Un testo che esplora il valore del perdono misericordioso, inteso sia come gesto concreto, sia come attitudine e accondiscendenza interiore. Poche righe ma intense, che rivelano in maniera schietta l'umanità e la sensibilità di Francesco, così come la sua forza e libertà spirituale. Dallo scritto, indirizzato a un non ben precisato provinciale – si tratta forse dello stesso ministro generale, frate Elia –, si evince l'animo di Francesco, intrinsecamente prossimo a chi condivideva il suo cammino di fede. Potremmo considerare la *Lettera a un ministro* come la prima «enciclica sulla misericordia»:

> E in questo voglio conoscere se tu ami il Signore e ami me servo suo e tuo, se farai questo, e cioè: che non ci sia mai alcun frate al mondo, che abbia peccato quanto poteva peccare, il quale, dopo aver visto i tuoi occhi, se ne torni via senza il tuo perdono misericordioso, se egli lo chiede; e se non chiedesse misericordia, chiedi tu a lui se vuole misericordia. E se, in seguito, mille volte peccasse davanti ai tuoi occhi, amalo più di me per questo: che tu possa attirarlo al Signore; e abbi sempre misericordia di tali fratelli.[5]

«Se riuscirò anche solo a toccare il suo mantello, sarò salvata» (*Mt* 9,20). La fede in Cristo ci salva. Così accade – ce lo racconta Matteo nel suo Vangelo – alla donna che aveva perdite di sangue da dodici anni, la quale si avvicina alle spalle di Gesù e tocca il lembo del suo mantello: «Coraggio, figlia, la tua fede ti ha salvata» le dice Cristo dopo essersi voltato.

Tale indumento salvifico è probabilmente diverso dalla tunica «tirata a sorte» di cui ci parla Giovanni. L'abito «inconsutile», infatti, è la veste «interiore e lunga portata sempre dal Salvatore», come ricorda Moroni nel *Dizionario di erudizione storico-ecclesiastica*.[6] «Interiore» e cioè sotto

[5] Francesco d'Assisi, *Lettera a un ministro*, FF 235.
[6] Alla voce «Tonaca o Tunica inconsutile di Gesù Cristo».

altri indumenti. D'altronde, il fatto che Gesù abbia indossato anche altri abiti – tra cui quelle «vesti» che i soldati si divisero sotto la croce – ci viene palesato, o meglio lo possiamo intuire, in alcuni cenni sparsi che troviamo nelle testimonianze dei quattro evangelisti.

Sappiamo che Gesù usava indossare dei sandali. O almeno è possibile ricavare questo elemento dal riferimento che fa Giovanni Battista, prima dell'episodio del battesimo di Cristo: «Io vi battezzo nell'acqua per la conversione; ma colui che viene dopo di me è più forte di me e io non sono degno di portargli i sandali; egli vi battezzerà in Spirito Santo e fuoco» (*Mt* 3,11). Il Battista non si sente all'altezza di colui che porterà sulla Terra santità e purezza, di colui che si sacrificherà per la salvezza degli uomini.

Del mantello, una sorta di scialle, che egli indossava, abbiamo scritto poche righe fa, così come dell'effetto salvifico della fede: «E là dove giungeva, in villaggi o città o campagne deponevano i malati nelle piazze e lo supplicavano di poter toccare almeno il lembo del mantello; e quanti lo toccavano venivano salvati» (*Mc* 6,56). Di quale tipo di mantello si trattasse non si ha certezza. Possiamo però azzardare che fosse il *tallit*, il mantello da preghiera sacro agli ebrei.

Altri indumenti vengono fatti indossare a Cristo, a mo' di dileggio, durante la Passione: «Allora i soldati lo condussero dentro il cortile, cioè nel pretorio, e convocarono tutta la truppa. Lo vestirono di porpora, intrecciarono una corona di spine e gliela misero attorno al capo» (*Mc* 15,16-17). Ed è solo «dopo essersi fatti beffe di lui», prosegue l'evangelista Marco, che Gesù viene spogliato e gli vengono fatte reindossare le sue vesti. «Poi lo condussero fuori per crocifiggerlo» (*Mc* 15,20). Lo stesso episodio è descritto da Matteo, con parole ancora più dirette e cruente:

> Lo spogliarono, gli fecero indossare un mantello scarlatto, intrecciarono una corona di spine, gliela posero sul capo e gli misero una canna nella mano destra. Poi, inginocchiandosi davanti a lui, lo deridevano: «Salve, re dei Giudei!». Sputandogli addosso, gli tolsero di mano la canna e lo per-

cuotevano sul capo. Dopo averlo deriso, lo spogliarono del mantello e gli rimisero le sue vesti, poi lo condussero via per crocifiggerlo (*Mt* 27,27-30).

Sulla croce, Cristo torna, e resta, «nudo». Ricordiamo l'accurata descrizione di Giovanni: le vesti, prese dai soldati e fatte in quattro parti, e quella tunica, senza cuciture, tessuta tutta d'un pezzo da cima a fondo, tirata a sorte. Nelle rappresentazioni della scena, di cui è fitta la storia dell'arte, vediamo i fianchi di Gesù crocifisso pudicamente coperti da un velo. Ma in realtà siamo di fronte all'ultimo capitolo della *kenosis*, lo «spogliamento» di Cristo. Le parole di san Paolo nella lettera ai Filippesi ci vengono in aiuto:

> Egli, pur essendo di natura divina, non considerò un tesoro geloso la sua uguaglianza con Dio; ma spogliò se stesso, assumendo la condizione di servo e divenendo simile agli uomini, apparso in forma umana, umiliò se stesso facendosi obbediente fino alla morte e alla morte di croce (*Fil* 2,6-8).

Papa Giovanni Paolo II ci aiuta a comprendere il senso del verbo «spogliare» in questo contesto:

> Dio-Figlio ha assunto la natura umana, l'umanità, è diventato vero uomo, rimanendo Dio! La verità su Cristo-uomo deve essere considerata sempre in relazione a Dio-Figlio. Proprio questo riferimento permanente è indicato dal testo di Paolo. «Spogliò se stesso» non significa in alcun modo che cessò di essere Dio: sarebbe un assurdo! Significa invece, come si esprime in modo perspicace l'Apostolo, che «non considerò un tesoro geloso la sua uguaglianza con Dio» ma, «pur essendo di natura divina» (*in forma Dei*) – come vero Dio-Figlio –, egli assunse una natura umana priva di gloria, soggetta alla sofferenza e alla morte, nella quale poter vivere l'obbedienza al Padre fino all'estremo sacrificio.[7]

Sotto la croce la tunica, che non viene divisa ma giocata ai dadi e vinta da uno dei soldati. Quella tunica che, secondo alcune tradizioni riportate sempre dal Moroni nel

[7] Giovanni Paolo II, Udienza generale, 17.02.1988, www.vatican.va.

suo *Dizionario*, si dice fosse «intessuta dalla Beata Vergine Maria. Inconsutile perché prodigiosamente cresciuta proporzionatamente colle sue divine membra»;[8] l'indumento «prodigioso» che non appartiene a nessun altro se non a Gesù, e che dunque appartiene all'umanità tutta, in quanto Cristo, spogliandosi, si è sacrificato per ciascuno di noi.

«Gesù disse: "È compiuto". E, chinato il capo, consegnò lo spirito» (*Gv* 19,30). Cristo, compiuta la volontà del Padre, consegna il proprio spirito. C'è un altro bel passaggio del testo di Lécu che merita una citazione:

> Allora Gesù si addormenta. E la tradizione ci racconta che è andato agli inferi a liberare uno per uno quelli che attendevano là fin dall'inizio del mondo. Mi piace pensare che negli inferi egli ha dato a ciascuno la sua tunica affinché tutti, senza eccezione, potessero presentarsi davanti al Padre santi e immacolati alla sua presenza.[9]

È un'immagine commovente, questa di Cristo che assiste coloro che erano in attesa negli inferi, coprendoli con la propria tunica. Un'immagine che rivela il segno più alto della misericordia divina. Gesù consegna lo spirito al Padre, ma dona a tutti gli altri la propria tunica, per salvare l'umanità dal peccato e nonostante il peccato.

Torniamo per un attimo sul Golgota, il Calvario o «Luogo del cranio». L'atrocità della fine di Cristo può essere ricavata dalla descrizione che, qualche decennio prima, Cicerone aveva fatto della pratica «indegna» della crocifissione, nella sua orazione *Pro Rabirio*:

> È una sventura il marchio d'infamia di un'azione giudiziaria penale, una sventura la confisca dei beni, una sventura l'esilio, ma in tutte queste sventure resta sempre qualcosa di libertà. Infine, se è di morte che veniamo minacciati, moriamo almeno da uomini liberi. Sì, che il carnefice, che il velo che copre la testa, che il nome stesso di croce resti-

[8] Gaetano Moroni, *Dizionario di erudizione storico-ecclesiastica da san Pietro sino ai nostri giorni*, vol. 77, Roma, 1856.
[9] Anne Lécu, *Hai coperto la mia vergogna*, cit., p. 111.

> no lontani non solo dalla persona dei cittadini romani, ma anche dai loro pensieri, dai loro occhi, dalle loro orecchie [*et nomen ipsum crucis absit non modo a corpore civium Romanorum sed etiam a cogitatione, oculis, auribus*]. In tali supplizi, infatti, non soltanto l'effetto e l'esecuzione, bensì pure il carattere, l'attesa, il semplice nome sono indegni di un cittadino romano e di un uomo libero.[10]

Indegna di un «cittadino romano e di un uomo libero» è la fine di Gesù, nostro salvatore. La scena della crocifissione è forse tra le più rappresentate nella storia dell'arte, sacra e non solo. Uno dei massimi esempi si trova probabilmente a Padova, in quella Cappella degli Scrovegni dove – per usare le parole di Philippe Daverio – «l'arte di Giotto si fa perfetta». Ma c'è un altro affresco che, da francescano, mi sta a cuore e mi preme ricordare. L'autore è di nuovo Giotto e il dipinto si trova nella basilica inferiore di San Francesco, ad Assisi. Ancora Daverio ci ricorda come proprio in questo ciclo assisano di affreschi giotteschi per la prima volta vengano rappresentati i due sentimenti, le due emozioni primordiali, e compaiano le lacrime: il dolore e la gioia.

Ai piedi della croce, oltre alle figure in parte descritte anche dai Vangeli di Marco e Matteo, stanno inginocchiati cinque frati francescani ed è possibile vedere i volti di tre di loro. Quello più vicino alla croce, quasi speculare alla Maddalena, che bacia i piedi sanguinanti di Cristo, è Francesco. In posa adorante, con le braccia aperte e rivolte verso Cristo. Lo immaginiamo nell'atto simbolico di accogliere in sé la Passione e il calvario di Gesù. Francesco riceve il «testimone» della fede direttamente dalla croce. Cristo lascia anche a lui, al suo discepolo più prossimo, l'indumento della salvezza. E la responsabilità di indossarlo, la responsabilità di viverlo. Dalla tunica alla tonaca. La veste della misericordia trova il suo nuovo portatore: Francesco. Colui che più di ogni altro, dopo Gesù, l'ha indossata, spogliandosi anch'esso.

[10] Marco Tullio Cicerone, *Pro Rabirio*, 63 a.C.

IV

Alla ricerca della tonaca di Francesco

> E quelli che venivano per intraprendere questa vita, distribuivano ai poveri tutto quello che potevano avere, ed erano contenti di una sola tonaca, rappezzata dentro e fuori, del cingolo e delle brache. E non volevamo avere di più.
>
> FRANCESCO D'ASSISI, *Testamento*, FF 117

Tappa cruciale nel percorso di conversione di san Francesco a Dio è l'episodio della spogliazione: «Comparso davanti al vescovo, Francesco non esita né indugia sotto nessun pretesto, anzi, senza dire o aspettare parole, si toglie tutte le vesti e le getta a terra, rendendole al padre. Non ritiene nemmeno le mutande, restando nudo di fronte a tutti».[1]

Nel 2013 per la prima volta un papa fece visita al luogo dedicato a quel passaggio della vita del Santo: la Sala della Spogliazione, nel vescovado di Assisi. Il papa in questione porta lo stesso nome del protagonista di quell'atto: Francesco. In quell'occasione Bergoglio ha voluto spiegare il senso della spogliazione:

> Con quel gesto Francesco fece la sua scelta: la scelta di essere povero. Non è una scelta sociologica, ideologica, è la scelta di essere come Gesù, di imitare Lui, di seguirlo fino in fondo. Gesù è Dio che si spoglia della sua gloria ... France-

[1] Tommaso da Celano, *Vita prima*, VI, FF 344.

sco si è spogliato di ogni cosa, della sua vita mondana, di se stesso, per seguire il suo Signore, Gesù, per essere come Lui.[2]

Come Gesù, Francesco si spoglia. Abbandona i suoi vestiti e la sua «vita mondana». Possiamo individuare tre tappe nel percorso spirituale del Santo di Assisi: il giovane, l'eremita e il frate. Di questa evoluzione e di come sia stata accompagnata da un cambiamento anche nel vestire, parleremo diffusamente nei prossimi capitoli.

Francesco accoglie Cristo e segue fedelmente le sue orme. Come abito indosserà una tonaca che, quando gli pareva troppo soffice, provvedeva a intessere «con delle funicelle», così da renderla meno comoda, così da essere ancora più vicino alla sofferenza e alla santità del suo Signore Gesù: «Aveva imparato, per sicura esperienza, che i demoni vengono intimoriti dalle asprezze, mentre dalle mollezze e dalla delicatezza prendono animo per tentare più baldanzosamente».[3]

Cinque volte san Francesco utilizza il termine «tonaca», declinato al singolare o al plurale, nei suoi scritti. Le prime due, come si è visto nel primo capitolo, si trovano nella *Regola non bollata*, il testo che, redatto dal Santo di Assisi e dai suoi frati lungo il corso degli anni, fu portato a compimento nel 1221, ma non ottenne mai la conferma papale.

«Il ministro gli conceda i panni della prova, per un anno, e cioè due tonache senza cappuccio.»[4] Poche righe dopo, il termine al singolare: «Gli altri frati poi che hanno promesso obbedienza, abbiano una sola tonaca con il cappuccio e un'altra senza cappuccio, se sarà necessario, e il cingolo e le brache».[5]

Simile precetto torna anche nella *Regola bollata*, documento approvato nel 1223 da papa Onorio III e in vigore ancora

[2] Papa Francesco, Sala della Spogliazione, Vescovado di Assisi, 04.10.2013, www.vatican.va.
[3] San Bonaventura, *Legenda maior*, V, FF 1088.
[4] Francesco d'Assisi, *Regola non bollata*, II, FF 7.
[5] *Idem*, II, FF 8.

oggi: «E coloro che hanno già promesso obbedienza, abbiano una tonaca con il cappuccio e un'altra senza cappuccio, coloro che la vorranno avere». «E coloro che sono costretti da necessità» prosegue la disposizione francescana

> possano portare calzature. E tutti i frati si vestano di abiti vili e possano rappezzarli con sacco e altre pezze con la benedizione di Dio. Li ammonisco, però, e li esorto a non disprezzare e a non giudicare gli uomini che vedono vestiti di abiti morbidi e colorati e usare cibi e bevande delicate, ma piuttosto ciascuno giudichi e disprezzi se stesso.[6]

Una tonaca, massimo due, calzature solo in caso di necessità, abiti vili rappezzati con un sacco. In pochi cenni, l'etica e l'estetica della minorità francescana. Ma al tempo stesso l'esortazione a non disprezzare chi, al di fuori dei frati, non abbraccia la via della semplicità e della povertà.

La quarta citazione è quella che apre questo capitolo, dal *Testamento* del 1226, il testo che lo stesso Francesco descrive così: «E non dicano i frati: "Questa è un'altra Regola", perché questo è un ricordo, un'ammonizione, un'esortazione e il mio testamento, che io, frate Francesco piccolino, faccio a voi, fratelli miei benedetti».[7] In questo *testamento, ricordo, ammonizione, esortazione,* il riferimento alla tonaca è il seguente: «E quelli che venivano per intraprendere questa vita, distribuivano ai poveri tutto quello che potevano avere, ed erano contenti di una sola tonaca, rappezzata dentro e fuori, del cingolo e delle brache». Il paragrafo si conclude con sei parole emblematiche: «E non volevamo avere di più».

Vale la pena evidenziare alcuni termini di questo passaggio del *Testamento* di Francesco. «Intraprendere questa vita» ci dà il senso della svolta esistenziale che sta dietro alla scelta di abbracciare la via della minorità francescana. Il distribuire tutto ciò che si possa avere ai poveri è il precetto che segna la direzione di questo cammino: offrirsi agli ultimi.

[6] Francesco d'Assisi, *Regola bollata*, II, FF 81.
[7] Francesco d'Assisi, *Testamento*, 1226, FF 127.

E qui riecheggiano le parole del già citato papa Bergoglio, che, come detto, non a caso di Francesco ha scelto il nome: «Ah, come vorrei una Chiesa povera e per i poveri».[8] Possiamo quindi individuare in questo passaggio, non l'unico naturalmente, una delle fonti principali dell'essenza della ricerca della povertà come via per un'esistenza piena e in armonia con il prossimo, con Dio e con l'insegnamento di suo figlio Gesù. E «questa vita», intrapresa da coloro che hanno deciso di spogliarsi e dedicarsi ai poveri, per i poveri, con indosso una sola tonaca rappezzata, è la strada che conduce alla contentezza: «Ed erano contenti»; e, perché no, a una consapevole pace interiore: «E non volevamo avere di più». Spogliarsi del superfluo, essere contenti del minimo indispensabile e restare determinati a non volere nulla di più rispetto a quanto strettamente necessario.

Incontriamo il termine «tonaca» anche nel dialogo di Francesco con frate Leone, *Della vera e perfetta letizia*. Non si tratta di uno scritto di san Francesco, ma di un episodio della sua vita riferito da altri. Esser Kajetan lo ha inserito nei cosiddetti *opuscula dictata*. Così comincia il racconto:

> Viene un messo e dice che tutti i maestri di Parigi sono entrati nell'Ordine; scrivi [rivolto a frate Leone]: non è la vera letizia. Così pure tutti i prelati d'Oltralpe, arcivescovi e vescovi, e anche il re di Francia e il re d'Inghilterra; scrivi: non è la vera letizia. Ancora, che i miei frati sono andati tra gli infedeli e li hanno convertiti tutti alla fede, e che io ho ricevuto da Dio tanta grazia che risano gli infermi e faccio molti miracoli; io ti dico: in tutte queste cose non è la vera letizia.

«Ma quale è la vera letizia?» chiede allora frate Leone. E così Francesco prosegue con un aneddoto illuminante:

> Ecco, io torno da Perugia a notte fonda, arrivo qui ed è tempo d'inverno fangoso e così freddo che all'estremità della tonaca si formano dei dondoli d'acqua fredda congela-

[8] Papa Francesco, Incontro con i rappresentanti dei media, Aula Paolo VI, 16.03.2013, www.vatican.va.

> ta, che mi percuotono continuamente le gambe, e da quelle ferite esce il sangue. E io tutto nel fango e nel freddo e nel ghiaccio, giungo alla porta e, dopo che ho picchiato e chiamato a lungo, viene un frate e chiede: «Chi è?». Io rispondo: «Frate Francesco». E quegli dice: «Vattene, non è ora decente questa di andare in giro; non entrerai». E poiché io insisto ancora, l'altro risponde: «Vattene, tu sei un semplice e un idiota, qui non ci puoi venire ormai; noi siamo tanti e tali che non abbiamo bisogno di te». E io resto ancora davanti alla porta e dico: «Per amor di Dio, accoglietemi per questa notte». E quegli risponde: «Non lo farò. Vattene al luogo dei Crociferi [l'ospedale di Fontanelle, non lontano dalla Porziuncola] e chiedi là». Io ti dico che, se avrò avuto pazienza e non mi sarò inquietato, in questo è vera letizia e vera virtù e la salvezza dell'anima.[9]

In questo sta l'insegnamento di Francesco: accogliere le difficoltà, il rifiuto, le sofferenze fisiche come occasione di maturazione ed elevazione spirituale. Se saremo in grado di accettare come una grazia il freddo e il gelo, se avremo pazienza nonostante il non essere accolti, l'essere insultati e maltrattati, ebbene, allora raggiungeremo la «vera letizia». Sarà a quel punto che la nostra anima virtuosa sarà salvata.

La tonaca, in questo caso, serve a Francesco per creare un'immagine e rendere espliciti dei concetti, come il freddo e la sofferenza corporale: la tonaca come emblema di una situazione estrema di disagio; i lembi trasformati in ghiaccioli dondolanti; lo sbattere sulle gambe, tanto da causare delle ferite sanguinanti. La tonaca ghiacciata porta in sé i segni delle nostre difficoltà. E quando si ha freddo, magari con le nocche piagate dal gelo, cosa altro si può desiderare se non un riparo dove trovare nuovamente tepore? Ma, anche in una situazione del genere, la nostra richiesta di accoglienza potrebbe venire rigettata. Potremmo essere respinti nel momento del bisogno. Nonostante ciò, occorre accetta-

[9] Francesco d'Assisi, *Della vera e perfetta letizia*, FF 278.

re il rifiuto con pazienza e senza inquietudine. Una prova nel cammino della fede, verso la vera letizia.

All'interno delle Fonti Francescane troviamo tanti altri riferimenti alle vesti di Francesco, in particolare alla sua tonaca e a quella dei suoi compagni, i primi frati. Una veste che

> non aveva alcuna eleganza, ma appariva spregevole e povera, così che per il mondo sembravano con quella veste dei veri crocifissi. Cinti ai fianchi di una corda, portavano rozzi calzoni. Il loro santo proposito era di restare in quello stato, senza avere niente di più.[10]

Le biografie fondamentali di Francesco, la *Legenda maior* di san Bonaventura, la *Vita prima* e la *Vita seconda* di Tommaso da Celano, sono dense di riferimenti.

La tonaca è in alcuni casi «sporca»: «Il fianco destro era come trapassato da una lancia e coperto da una cicatrice rossa, che spesso emanava sacro sangue, imbevendo la tonaca e le mutande».[11] In altri casi è tagliata, strappata, maltrattata:

> I fedeli gli portavano pani da benedire e li conservavano a lungo perché, cibandosene, guarivano da diverse malattie. Sovente, spinti dalla grande fede, gli tagliuzzavano perfino la tonaca, così che a volte il santo uomo restava quasi nudo. E, cosa più mirabile, qualche oggetto toccato dalla mano del santo padre risanava alcuni infermi.[12]

In alcuni passaggi l'indumento viene usato a mo' di unico conforto per il sonno: «Ovunque fosse ospitato di notte, non voleva pagliericci o coperte sul suo giaciglio, ma la nuda terra accoglieva le sue membra nude avvolte solo nella tonaca».[13]

Altre volte ancora, la veste di Francesco diventa quasi una «protesi», una sorta di prolungamento del suo corpo e del suo spirito miracoloso. Un manto soave che accarez-

[10] Tommaso da Celano, *Vita prima*, XV, FF 388.
[11] San Bonaventura, *Legenda maior*, VII, FF 1117.
[12] Tommaso da Celano, *Vita prima*, XXII, FF 433.
[13] *Idem*, XIX, FF 412.

za i corpi e le anime di tutti gli esseri del creato. Ci sembra così in occasione della predica agli uccelli:

> Mentre diceva loro queste e simili parole, gli uccelletti, gesticolando in meravigliosa maniera, allungavano il collo, stendevano le ali, aprivano il becco, guardandolo fisso. Ed egli passava in mezzo a loro, con mirabile fervore di spirito, e li toccava con la sua tonaca, senza che nessuno si muovesse dal suo posto. Quando finalmente l'uomo di Dio, tracciando il segno della croce, diede loro la benedizione e il permesso, tutti insieme volarono via. I compagni, dalla strada, stavano a guardare lo spettacolo. Ritornato fra loro, l'uomo semplice e puro incominciò ad accusarsi di negligenza, perché fin allora non aveva mai predicato agli uccelli.[14]

La tonaca è spesso oggetto dell'altruismo francescano: «Spesso bramava spartirla con qualche bisognoso».[15] E ancora: «Un giorno un povero gli chiese l'elemosina ed egli, non avendo niente per le mani, scucì un lembo della tonaca e lo regalò al povero».[16] Non solo chi ha più bisogno. La veste viene anche scambiata in segno di fratellanza:

> Capitò a due frati della Francia, uomini di grande santità, di incontrare Francesco; ne provarono una gioia incredibile, tanto più che da lungo tempo erano tormentati da questo desiderio. Dopo tenere effusioni di affetto e uno scambio soave di parole, furono spinti dalla loro ardente devozione a chiedere a Francesco la tonaca. Il santo se ne spogliò subito, rimanendo nudo, e gliela diede devotissimamente; poi indossò con pio scambio quella più povera di uno di loro.[17]

La tonaca dunque diviene essa stessa atto di solidarietà, comunanza e fratellanza, tanto umana quanto spirituale.

Per meritare questo indumento «misero e rozzo»,[18] bisogna superare le dure prove di una vita austera, che lo stes-

[14] San Bonaventura, *Legenda maior*, XII, FF 1206.
[15] Tommaso da Celano, *Vita prima*, XXVIII, FF 453.
[16] Tommaso da Celano, *Vita seconda*, LVII, FF 677.
[17] *Idem*, CXXVII, FF 767.
[18] Tommaso da Celano, *Vita prima*, XXVIII, FF 453.

so Francesco si trova sovente ad affrontare in prima persona: «Perché la tonaca serve alla religione e porta in sé il sigillo della santità: non è lecito a un libidinoso rubarla»[19] è la dura ammonizione che il Santo fa a se stesso, mentre si flagella con una corda per essere caduto in tentazione.

La tonaca accompagna Francesco per quasi tutto il suo percorso terreno e finisce per far parte in un certo senso anche della sua «eredità».

Sempre Tommaso da Celano racconta nella *Vita seconda* un episodio relativo all'ultima fase della vita di Francesco:

> Mentre infatti era ammalato nel palazzo episcopale di Assisi, detto frate [cioè Leone] pensò tra sé e sé: «Ecco che il Padre si avvicina alla morte, e come sarei contento se, una volta morto, potessi avere la tonaca del padre mio!». Come se il desiderio del cuore si fosse espresso con la bocca, poco dopo Francesco lo chiama: «Ti do questa tonaca – gli dice –: prendila, da oggi è tua. Io la porterò finché vivo, ma alla mia morte deve passare a te».

In quanto frate francescano, ammetto che c'è una suggestione a stimolare la mia fantasia. E cioè che tale tonaca non sia stata affidata al solo frate Leone. Mi piace pensare che la veste di Francesco, dopo il suo transito, abbia continuato ad accompagnare la vita e le esperienze di ogni francescano che, nel corso dei secoli, abbia abbracciato la sua regola; ogni anima e corpo che ha vissuto e che cerca di vivere secondo il suo insegnamento. «Vestire la tonaca», si è ricordato nel primo capitolo, è espressione che arriva a identificare la vita religiosa nel suo insieme. Vestire la tonaca di Francesco ha costituito per i suoi seguaci di ogni epoca un segno di riconoscenza, riverenza, ammirazione. Ha costituito e costituisce una delle forme più pure e alte di fede e responsabilità verso Dio, verso il prossimo, verso il creato, verso Gesù e verso suo fratello Francesco. Quella tonaca sporca, ruvida e fredda; quella tonaca strappata, rappez-

[19] San Bonaventura, *Legenda maior*, V, FF 1091.

zata e spartita; quella tonaca che è altresì allo stesso tempo unico giaciglio, affettuoso riparo, fonte di speranza e illuminazione; quella tonaca che è essa stessa fede e ispirazione perpetua. Una tonaca per avvicinarci agli ultimi, da donare e da condividere con loro.

«Non dimenticarti dei poveri» è l'invito e l'augurio che il cardinale Cláudio Hummes rivolge al neoeletto papa Francesco.[20] Una tonaca per non dimenticare i poveri, nel nome e nello spirito di Francesco d'Assisi, «l'uomo della povertà, l'uomo della pace, l'uomo che ama e custodisce il creato».[21]

Ma facciamo di nuovo un passo indietro. Comincia il viaggio lungo il tragitto che hanno compiuto le vesti di Gesù e Francesco per arrivare dalle rispettive epoche ai giorni nostri. Un cammino spesso travagliato, che ci appassiona; un percorso tra storia, fede e mito che contribuisce a restituire il senso e il valore delle reliquie che possiamo tuttora ammirare. Quegli indumenti presso cui possiamo inginocchiarci e, grazie alla preghiera, provare a toccare con l'anima l'eredità spirituale di Gesù, del *Christus*, del Maestro, ma anche quella di Francesco, l'*Alter Christus*, il discepolo. Quest'ultimo ci condurrà nel cuore di Cristo.[22]

[20] A raccontare l'aneddoto è lo stesso papa Francesco nel già menzionato incontro con i rappresentanti dei media, cit.

[21] *Idem*.

[22] Possiamo individuare almeno quattro elementi di questa connessione: 1. Francesco va per le vie del mondo come Gesù per le strade della Galilea; 2. propone i gesti dell'ultima cena prima di morire; 3. sul suo corpo sono presenti le stimmate; 4. fa suo il «saluto della pace» come Cristo all'inizio della sua missione da risorto: «Pace a voi». Queste suggestioni hanno radici lontane. Basti pensare all'opera di Bartolomeo da Pisa, *De conformitate vitae Beati Francisci ad vitam Domini Iesu*.

V

Dove si trova la tunica di Gesù

> Correvano insieme tutti e due, ma l'altro discepolo corse più veloce di Pietro e giunse per primo al sepolcro. Si chinò, vide i teli posati là, ma non entrò. Giunse intanto anche Simon Pietro, che lo seguiva, ed entrò nel sepolcro e osservò i teli posati là, e il sudario – che era stato sul suo capo – non posato là con i teli, ma avvolto in un luogo a parte. Allora entrò anche l'altro discepolo, che era giunto per primo al sepolcro, e vide e credette.
>
> GIOVANNI 20,4-8

Come spesso accade, anche questo viaggio comincia dalla fine, più precisamente dal 2012:

> In questa speciale occasione, anch'io mi faccio, nel pensiero, pellegrino nell'antica e venerabile città episcopale di Treviri, per unirmi, in un certo senso, alla schiera dei fedeli che, nelle prossime settimane, prendono parte al pellegrinaggio alla Sacra Tunica.[1]

Sono le parole che papa Benedetto XVI ha usato nella lettera indirizzata al vescovo di Treviri, reverendo Stephan Ackermann, in occasione del quinto centenario dell'ostensione pubblica della Sacra Tunica. Prendiamole in prestito. Facciamoci pellegrini, muniamoci della fede e proviamo a immergerci in altre epoche. Cerchiamo di ripercorrere col

[1] Benedetto XVI, Messaggio al vescovo di Trier, 06.04.2012, www.vatican.va.

pensiero e con lo spirito le tappe che hanno permesso alle vesti di Gesù di arrivare dal tempo degli antichi romani fino al giorno d'oggi.

> Per grazia di Dio sono uomo e cristiano, per azioni grande peccatore, per vocazione pellegrino della specie più misera, errando di luogo in luogo. I miei beni terrestri sono una bisaccia sul dorso con un po' di pane secco e nella tasca interna del camiciotto la Sacra Bibbia. Null'altro.[2]

Esordisce così il testo *Racconti di un pellegrino russo*, testimonianza di fede di un autore sconosciuto del XIX secolo, «in cui ci si potrebbe specchiare alla ricerca di ciò che siamo o dovremmo essere: uomini, cristiani, pellegrini, poveri, fedeli...».[3]

Nel suo *Mattutino*, monsignor Gianfranco Ravasi sottolinea in particolare il passaggio secondo cui si è pellegrini per vocazione: «Ecco, allora, l'appello cristiano: "Usciamo dall'accampamento e andiamo verso Cristo!" (*Eb* 13,13). E il nostro itinerario non è verso un passato sepolto nella memoria, una "ricerca del tempo perduto", ma un viaggio verso "poi", "l'oltre", e l'Altro». Eccoci pronti, pellegrini per vocazione. Fuori dall'accampamento, procediamo verso Cristo.

Il nostro cammino tocca Germania e Francia, ma prima ancora faremo due rapide soste in Spagna e in Italia. Gli indumenti di Gesù alla cui tradizione ecclesiastica stiamo facendo riferimento sono infatti le due tuniche presenti a Treviri e ad Argenteuil, ma anche il Sudario di Oviedo e la sacra Sindone di Torino. Quattro stoffe arrivate fino a noi, che ben descrivono le ultime fasi della vita terrena di Gesù, la Passione e la sua Pasqua, il passaggio e ricongiungimento con il Padre. Abiti lasciati a tutti noi come monito ed eredità.

Il Sudario di Oviedo è il panno rettangolare che sarebbe stato posto sul volto di Cristo morto durante la sua deposizione nel sepolcro, prima di essere avvolto nella sacra

[2] *Racconti di un pellegrino russo*, a cura di Antonio Gentili, Milano, Paoline, 2019.
[3] Gianfranco Ravasi, *Mattutino*, Casale Monferrato, Piemme, 1993.

Sindone. Secondo la tradizione, nel VII secolo il sudario sarebbe stato portato dalla Palestina ad Alessandria d'Egitto; in seguito raggiunse la Spagna, sostando dapprima a Cartagena per poi fermarsi a Oviedo. Lo custodisce la cattedrale della città almeno dal 1075: ad attestarlo in maniera inequivocabile è un atto stipulato davanti al re Alfonso VI.

> Esaminandolo si è scoperto che questo panno fu probabilmente posto sul volto di un uomo morto per asfissia, come i crocifissi: reca infatti tracce di liquido pleurico. Il posizionamento delle macchie fa pensare che il volto in questione potrebbe essere quello del crocifisso della Sindone. Il professor Pierluigi Baima Bollone ha identificato il sangue come appartenente al gruppo AB, lo stesso gruppo del sangue della Sindone e del miracolo eucaristico di Lanciano. Max Frei ha inoltre riconosciuto sul tessuto alcuni pollini del Medio Oriente.[4]

Il legame del Sudario con la sacra Sindone ci porta direttamente a Torino, dove il lenzuolo che avrebbe avvolto il corpo di Gesù nella sepoltura è custodito fin dal XVI secolo. Ma la sua storia è lunga e travagliata: alla Passione e alla scoperta del sepolcro vuoto, seguono secoli di incertezza.

> La Sindone riapparve nel VI secolo a Edessa, dove certamente si trovava da più di due secoli e dove si presentava sotto la forma dell'Immagine di Edessa o Mandylion. Trasferita a Costantinopoli nel 944, essa vi fu probabilmente prelevata nel 1204 dai crociati, che la portarono con loro ad Atene. La Sindone ricomparirà infine, a metà del secolo XIV, a Lirey, nella Champagne, presso la famiglia degli Charny.

«All'inizio del XV secolo» prosegue la ricostruzione storica di Raffard de Brienne,

> a causa della guerra dei Cent'anni, essa rimarrà una trentina d'anni a Saint-Hippolyte nella Franca Contea. In seguito, alcune peregrinazioni la faranno passare in numerosi

[4] Daniel Raffard de Brienne, *Dizionario della Sindone*, Cantalupa, Effatà, 1998, a cui si rinvia anche per la ricostruzione storica, alla voce «Oviedo (il Sudario di)».

luoghi – ad esempio Nizza – prima che i duchi di Savoia la stabiliscano a Chambéry, nel 1502, dove subirà gravi danni per un incendio nel 1532. I Savoia infine, nel 1578, la trasferiranno a Torino, dove essa si trova tuttora.[5]

La tunica di Treviri

«Ma come Torino vanta di possedere la ss. Sindone ove fu ravvolto il sagro corpo del Redentore nel sepolcro, così Treveri si gloria di venerare nella sua cattedrale la Tunica del medesimo.»[6] Con questo balzo, approdiamo finalmente in Germania, nella prima delle due città che si fregiano di ospitare le tuniche di Cristo che già abbiamo incontrato nei primi capitoli di questo libro. Quella di Treviri, in particolare, veniva e viene tradizionalmente considerata la tunica inconsutile: «La veste inconsutile del Salvatore ... nella città di Treveri con molta venerazione fino al presente si conserva».[7]

Cominciamo con una descrizione dell'indumento. Si tratta di una veste di cotone lunga 148 centimetri davanti e 157 dietro; larga 109 centimetri alla base e 70 centimetri nella parte superiore; le maniche sono lunghe 46 centimetri e larghe 31. L'abito conservato nel duomo di Treviri

> è di colore grigio scuro e, secondo gli esperti in tessuti antichi, risalirebbe agli inizi dell'Impero romano. Molto felpato e senza cuciture, doveva essere molto fragile, dal momento che presenta tracce di consolidamento, mediante tessuti in seta di origine probabilmente siriana e risalenti a un'epoca situata tra il VI ed il IX secolo o forse, per uno di essi, più antica ancora.[8]

[5] *Idem*, alla voce «Storia della Sindone».

[6] Gaetano Moroni, *Dizionario di erudizione storico-ecclesiastica da san Pietro ai nostri giorni*, vol. 77, Roma 1856.

[7] Domenico Cantagalli, *Lettera sopra la veste inconsutile di Gesù Cristo*, in F. Zaccaria (a cura di), *Raccolta di dissertazioni di storia ecclesiastica*, vol. 1, 1840.

[8] Daniel Raffard de Brienne, *Dizionario della Sindone*, cit., alla voce «Treviri (La tunica di)».

Consolidamenti nel corso dei secoli che hanno portato a stratificazioni, tanto che, al giorno d'oggi, la tunica originale è protetta da diversi strati di tessuti. Così la descrive De Matthaeis:

> Ben sette strati, cinque dell'anno 1512 e due di fine XIX secolo (1890), secondo quanto accertato dalla famosa archeologa M. Flury-Lemberg nel 1973-74. Questi tessuti sono mantenuti insieme da una colla gommosa che fu applicata nel 1891 ... Con il passare dei secoli e con il clima umido di Treviri la parte originale del tessuto si era dissolta quasi completamente ed i frammenti si polverizzavano al solo contatto. Quindi una ristrutturazione con ago e filo era impensabile. L'esame del tessuto però non riuscì a datare esattamente il reperto, né la sua origine, a causa dello stato pessimo di conservazione dello stesso.[9]

Anche in questo caso, per ripercorrere la storia della veste dobbiamo affidarci in buona parte alla tradizione ecclesiastica, secondo la quale la tunica grigia di Cristo, che nei primi secoli si suppone conservata a Gerusalemme, fu portata a Treviri da sant'Elena,[10] madre dell'imperatore Costantino il Grande, vissuta tra il III e IV secolo. Tale ipotesi è stata però definita «altamente improbabile. Se così fosse, trattandosi di una reliquia così importante, fonti eminenti del IV secolo, come sant'Ambrogio, l'avrebbero menzionata, per esempio nell'omelia che pronunciò nel funerale dell'imperatore Teodosio, dove parlò del chiodo di Cristo».[11]

È in effetti solo a partire dall'anno Mille che si hanno le prime indicazioni più definite:

> A parte due incerte allusioni nel 1072 e 1105, la sua presenza a Treviri è attestata dal 1127 e si sa che nel 1196 essa fu trasferita vicino al nuovo altare maggiore della catte-

[9] Nicoletta De Matthaeis, *Gli abiti di Cristo (1) – La sacra tunica di Treviri*, reliquiosamente.com.

[10] Olga Gogala di Leesthal, in *Enciclopedia Italiana*, Treccani, 1935, alla voce «Orendel».

[11] Nicoletta De Matthaeis, *Gli abiti di Cristo (1) – La sacra tunica di Treviri*, cit.

drale. I pellegrinaggi a questa reliquia hanno lasciato poche tracce fino al 1512, anno in cui avvenne un'ostensione pubblica. Dopo questa data, le ostensioni avranno luogo in modo irregolare, ma richiameranno sempre considerevoli folle di pellegrini.[12]

Le stesse «folle di pellegrini» che anche nel cinquecentesimo anniversario della prima esposizione si sono dirette nella città tedesca a omaggiare e a trovare conforto presso la sacra tunica. Un indumento che, sempre tornando alle parole di papa Benedetto XVI, «attira a sé i fedeli perché questa reliquia rende presente uno dei più drammatici momenti della vita terrena di Gesù, la sua morte in croce».[13]

Eppure la tunica di Treviri non presenta macchie di sangue, a differenza di quella custodita nella basilica di Saint-Denys d'Argenteuil. Tale dettaglio potrebbe suggerire che i due indumenti potessero essere stati indossati l'uno sull'altro.[14] Lasciamo così la Germania e proseguiamo verso l'ultima tappa, seguendo quella veste «che fu a tempo di Carlo Magno trasportata in Francia, e collocata nella Chiesa d'Argentolio ... e dove dopo essere stata molto tempo nascosta, finalmente ritrovata nel 1156 si collocò presso i monaci di san Benedetto, venerandosi con sommo culto».[15]

La tunica di Argenteuil

Ancora una volta facciamo affidamento sulla tradizione, con riferimenti orali che in alcuni casi sfociano nel mito, almeno per quanto riguarda i primi secoli di «vita» di tale abito. Una sintesi agevole della sua storia iniziale, che per certi versi si intreccia fino a confondersi con la tunica di Treviri, è data da De Matthaeis:

[12] Daniel Raffard de Brienne, *Dizionario della Sindone*, cit., alla voce «Treviri (La tunica di)»

[13] Benedetto XVI, Messaggio al vescovo di Trier, cit.

[14] Daniel Raffard de Brienne, *Dizionario della Sindone*, cit., alla voce «Treviri (La tunica di)».

[15] Domenico Cantagalli, *Lettera sopra la veste inconsutile di Gesù Cristo*, cit.

> Nel VI secolo san Gregorio di Tours disse che la tunica comprata dai fedeli fu portata a Galata, in Asia Minore, a circa 150 miglia da Costantinopoli. Lì venne conservata in una basilica, in uno scrigno di legno. Da questa città fu portata a Zaphat (Jaffa) per proteggerla dagli attacchi dei persiani che fecero un'incursione in Armenia nel 290 distruggendo tutte le chiese. Poi, verso il 594 fu solennemente portata a Gerusalemme da tre patriarchi, Gregorio d'Antiochia, Tommaso da Gerusalemme e Giovanni da Costantinopoli. Dopo venti anni fu presa e portata in Persia, con la vera croce, dal re dei persiani Cosroe II (614). Eraclio la riprese e nel 627 la trasferì a Costantinopoli, poi a Gerusalemme e poi di nuovo a Costantinopoli.[16]

È solo a partire da quest'epoca che riusciamo ad avere notizie più certe. La tunica di Argenteuil si trova infatti nel borgo francese a nord di Parigi a partire, come accennato sopra, dall'epoca di Carlo Magno, il quale

> avendola ricevuta verso l'800 dall'imperatrice di Costantinopoli, Irene, l'affidò a sua figlia Teodorada, religiosa dell'abbazia di Argenteuil. Numerose testimonianze ci informano circa il culto reso alla reliquia nel Medioevo. Più tardi, furono annoverati fra i pellegrini di Argenteuil i re Francesco I, Enrico III e Luigi XIII. A partire dal 1646, la tunica passò sotto la custodia dei benedettini maurini e, nel 1791, venne trasferita nella chiesa parrocchiale.[17]

Quella della tunica di Argenteuil è stata definita «una storia lunga e travagliata».[18] A prova di ciò, un episodio avvenuto nel 1793, che ancora una volta ritroviamo nella ricostruzione di Raffard de Brienne:

> Per salvarla, il parroco costituzionale la tagliò in cinque pezzi che affidò a persone diverse. Questi pezzi saranno suc-

[16] Nicoletta De Matthaeis, *Gli abiti di Cristo (2) – La sacra tunica di Argenteuil*, reliquiosamente.com.

[17] Daniel Raffard de Brienne, *Dizionario della Sindone*, cit., alla voce «Argenteuil (La tunica di)».

[18] Jean-Charles Leroy, *La tunica di Gesù*, Siena, Cantagalli, 2011.

cessivamente riuniti e disposti su una fodera per ricostruire la tunica. In pessimo stato e amputata di frammenti distribuiti nel corso dei secoli, essa misura attualmente 122 cm d'altezza per 90 cm di larghezza, a livello delle braccia ... Il suo colore rosso, analizzato nel 1931, deriva dalla garanza [una pianta dalle proprietà tintorie]. Fin dal 1892, alcune macchie sono state riconosciute come causate da sangue. Una di esse, situata sulla spalla, corrisponderebbe al segno lasciato dal trasporto della croce; le altre, lungo tutta la schiena, si riferirebbero alla flagellazione.[19]

Con le ricerche arriviamo fino a oggi:

> Studi recenti (1998 e 2004) realizzati da sindologi e scienziati dell'Institut d'Optique di Orsay (A. Marion) e dell'Institut de Génétique Moléculaire di Parigi (G. Lucotte) compararono le macchie di sangue con quelle delle sacra Sindone di Torino. Queste corrispondono a quelle rinvenute nella reliquia di Torino, tenendo presente che non si sparge allo stesso modo il sangue di un corpo fermo (come nella Sindone) che quello di un corpo in movimento e con un carico sulle spalle. Coincide anche il gruppo sanguigno, AB, il Dna (formula cromosomica di un uomo semita arabo), e ci sono molte altre coincidenze ancora.[20]

Allo stesso tempo – e in direzione opposta – proprio in ragione del colore non candido della tunica di Argenteuil, è stato nel corso dei secoli affermato che «la veste che si conserva nella chiesa d'Argentolio, non è certamente una tonica ... ma bensì un pallio [telo rettangolare, di solito indossato sopra la tunica] di colore rosso».[21]

Come già suggerito, la soluzione potrebbe trovarsi a metà del guado: le due tuniche potrebbero essere state indossate entrambe, l'una sopra l'altra, da Cristo. Così che, quando salì al Golgota, Gesù continuò a indossare solo la veste cu-

[19] Daniel Raffard de Brienne, *Dizionario della Sindone*, cit., alla voce «Argenteuil (La tunica di)».
[20] Nicoletta De Matthaeis, *Gli abiti di Cristo (2) – La sacra tunica di Argenteuil*, cit.
[21] Domenico Cantagalli, *Lettera sopra la veste inconsutile di Gesù Cristo*, cit.

stodita ad Argenteuil e le tracce di sangue presenti in essa sarebbero così spiegate. Mentre la tunica di Treviri potrebbe allora consistere in una sopravveste.

Un garbuglio forse inestricabile fatto di studi scientifici, indizi, coincidenze, contraddizioni e tradizioni scritte e orali. E, dove non arriva il ragionamento, ecco che occorre munirsi di un'incrollabile fede, capace di guidare la nostra ricerca e aiutarci a vedere, come accadde al discepolo che abbiamo incontrato nella citazione del Vangelo di Giovanni in apertura di questo capitolo: colui che «vide e credette».

In queste pagine siamo stati trasportati dalla storia, dal mito e, appunto, dalla sete di fede in un viaggio lungo secoli e denso di tappe, luoghi, personaggi ed eventi. Ci vorrebbero interi volumi per riuscire anche solo a scalfire la verità – se questo termine può essere usato in materia di reliquie – circa la ricerca della veste inconsutile di Cristo. Ci sono infatti anche «altri luoghi che dicono di essere in possesso di questa tunica, come per esempio Mtskheta in Georgia, o Costantinopoli, oltre a piccoli brandelli sparsi in molte parti del mondo».[22]

Quello che più conta, ai fini del nostro percorso, è l'aver cercato di descrivere la storia e l'aspetto di questi indumenti. Nella speranza che il viaggio alla ricerca della tunica di Gesù non abbia lasciato il lettore con troppo mal di mare, è ora di intraprendere la seconda parte del cammino. Quella che più ci è vicina e che vede come oggetto della ricerca la tonaca di Francesco.

[22] Nicoletta De Matthaeis, *Gli abiti di Cristo (1) – La sacra tunica di Treviri*, cit.

VI

Dove si trova la tonaca di Francesco

> Cercava di eccellere sugli altri ovunque e con smisurata ambizione: nei giochi, nelle raffinatezze, nelle parole scurrili e sciocche, nei canti, nelle vesti sfarzose e fluenti.
>
> TOMMASO DA CELANO, *Vita prima*, FF 320

Se c'è un aspetto che più degli altri possiamo cogliere della testimonianza di Francesco sulla Terra è la sua solidarietà verso il prossimo, la sua vicinanza agli ultimi, la sua fraternità con gli uomini e con tutti gli esseri viventi. Frammenti del carattere e della spiritualità di Francesco che fanno della generosità, della compassione e della già citata misericordia (si veda il primo capitolo) alcuni degli aspetti ricorrenti della sua presenza terrena. L'uomo che, dopo la conversione e la spogliazione, ha rifiutato lo sfarzo e la morbidezza per donarsi al Signore e a suo figlio Gesù, e per abbracciare l'umanità e il creato.

La sua generosità si è spesso tradotta nel dono dei propri indumenti a coloro che ne avevano bisogno, così come nell'usanza di scambiarli con gli altri, con chi ne facesse richiesta. Già abbiamo avuto modo di citare alcuni di tali esempi, come l'episodio in cui Francesco cede la propria tonaca ai due frati francesi, i quali la chiesero «spinti dalla loro ardente devozione».[1]

[1] Tommaso da Celano, *Vita seconda*, CXXVII, FF 767.

Esempi di generosità legati agli abiti vengono citati nella *Compilazione di Assisi*, anche detta *Leggenda perugina*. In un passaggio del testo vediamo Francesco che, noncurante del proprio stato di salute, mette a disposizione parte delle sue vesti, per andare incontro al «fratello povero»:

> Un'altra volta un mendicante miseramente vestito giunse a un eremo di frati, e chiese loro per amore di Dio qualche povero pezzo di stoffa. Il beato Francesco disse a un fratello di cercare nella casa qualche panno o stoffa da regalare a quel povero. Quello perlustrò la dimora e tornò dicendo di non aver trovato nulla. Affinché il mendico non dovesse ripartire a mani vuote, il beato Francesco si recò in disparte e, cercando di non farsi notare nel timore che il guardiano glielo proibisse, prese un coltello, si mise seduto e cominciò a tagliare una pezza che stava cucita all'interno della sua tonaca, con l'intenzione di darla segretamente al povero. Ma il guardiano, che aveva immediatamente intuito che cosa stava per fare, venne da lui e gli vietò di staccare quel panno, soprattutto perché il tempo era assai rigido ed era malato e molto sensibile al freddo. Ma il beato Francesco gli disse: «Se vuoi che non gliela dia, è indispensabile che tu faccia regalare qualche pezza al fratello povero». Così i frati, in considerazione del beato Francesco, donarono a colui un po' di stoffa tolta alle loro vesti.[2]

Talora i frati, prosegue il passaggio della *Compilazione di Assisi*,

> gli confezionavano un mantello, quando andava per il mondo a predicare, a piedi o in groppa a un asino – infatti, dal momento in cui cominciò a non star bene, non riusciva più a fare la strada a piedi e perciò gli era necessario servirsi di un asino; non volle il cavallo, tranne in casi di stretta e grave necessità; e vi si arrese solo poco prima della sua morte, allorché il suo stato di salute ormai precipitava –, oppure quando stava in qualche luogo. Comunque egli non voleva accettare il mantello, se non a condizione di poterlo re-

[2] *Compilazione di Assisi*, FF 1604.

galare a qualche povero che incontrava o che veniva da lui, e il suo spirito gli faceva capire che quello ne aveva manifesto bisogno.

L'empatia e l'estrema sensibilità di Francesco verso il prossimo faceva sì che il Santo cogliesse il bisogno altrui e vi si dedicasse con tutto se stesso.

Una premessa lunga quanto doverosa, utile a fornire il senso e a far comprendere una volta di più l'importanza dell'abito nell'esperienza francescana. Allo stesso tempo, la questione così inquadrata ci permette di affrontare con la giusta dose di curiosità e apertura di cuore il percorso che ha portato Francesco ad annunciare l'*evanghélion*. Una fitta rete di cammini percorsi a piedi e – come abbiamo avuto modo di leggere poche righe fa – sul finire della sua vita anche in groppa ad asini e cavalli. Le vie di Francesco, per le quali il Santo di Assisi ha testimoniato la sua fede e lasciato le sue tracce. A volte sotto forma di quelle stesse tonache che indossava, ma che, con somma generosità, usava appunto scambiare o donare.

Sono diverse le vesti che in Italia vengono conservate e venerate come riferibili a san Francesco. Due sono ospitate ad Assisi, nella cappella delle reliquie nella basilica di San Francesco e nella basilica di Santa Chiara. Tre sono custodite in Toscana: nel santuario della Verna, nella chiesa di Santa Croce a Firenze e nel convento di San Francesco a Cortona.

Per la ricerca riguardo alla tonaca, o meglio, alle tonache di Francesco – nello specifico quelle «toscane» –, che di seguito riportiamo, abbiamo voluto ascoltare la voce del professor Stefano Brufani, storico, docente all'università di Perugia, nonché grande amico e francescanista.

La tonaca di Cortona

Partiamo dalla veste custodita nella chiesa dei frati minori conventuali di San Francesco a Cortona. Tale convento ospita alcuni oggetti d'uso quotidiano che sarebbero stati utilizzati da Francesco: un evangelistario, un cuscino e una tonaca. Furono conservati come reliquie dopo la morte del Santo, ma non abbiamo la documentazione che permetta di ripercorrere le vicende che li hanno condotti fino a oggi.

Secondo la tradizione, la tonaca di Cortona sarebbe stata prestata a Francesco, ormai prossimo alla morte, da Elia, suo vicario nel governo dell'Ordine dalla primavera del 1221. La loro lunga frequentazione e la stretta collaborazione rendono possibile la circostanza. Dopo le disavventure che videro la deposizione di Elia dalla carica di ministro generale dell'Ordine e la sua scomunica papale per la frequentazione dell'imperatore Federico II (anch'egli già scomunicato), l'ex vicario del Santo di Assisi si ritirò alle Celle di Cortona. In città edificò poi la chiesa di San Francesco e in punto di morte fu assolto dalla scomunica. È possibile che in queste circostanze abbia lasciato al convento alcuni oggetti francescani ormai venerati come reliquie.

La tonaca di Cortona è stata di recente sottoposta ad approfondite analisi del tessuto.[3] La veste, a forma di croce, senza cappuccio, è fatta di lana di due filati, uno bianco e uno marrone chiaro, entrambi di colore naturale. È stata oggetto di uso quotidiano, come dimostrano le tracce d'usura. Poi, per trarne reliquie, è stata tagliata nella parte finale. Il manufatto è stato sottoposto alla prova del carbonio 14 per stabilirne la datazione, che sembra risalire a un tempo compreso tra il 1170 e il 1215, compatibile con i dati biografici del Santo.

Proprio questo spunto scientifico lega l'abito di Cortona a quello di Firenze. Infatti, la ricerca del 2007 fatta dall'Istituto nazionale di fisica nucleare (INFN) da un lato «svela che la tonaca di san Francesco custodita a Cortona è stata tessuta davvero negli anni in cui visse il patrono d'Italia»,[4] dall'altro stabilisce l'incompatibilità della tonaca custodita nella basilica di Santa Croce a Firenze, fino ad allora attribuita a Francesco. Secondo i ricercatori del Laboratorio di

[3] Graziella Palei, *L'eredità del Padre*, Padova, Messaggero, 2007.

[4] *La fisica scopre i segreti di san Francesco*, 05.09.2007, www.infn.it.

tecniche nucleari per i beni culturali (LABEC), il saio fiorentino sarebbe infatti di epoca posteriore: almeno ottant'anni successivo alla morte del Santo di Assisi, avvenuta nel 1226. Tale reliquia sarebbe dunque falsa, anche se è accompagnata da un cingolo, una cintura di corda «questa sì storicamente compatibile».[5]

La tonaca della Verna

La terza tonaca è forse la più affascinante tra quelle «toscane»: l'abito delle stimmate. La veste, ora conservata come reliquia francescana nel santuario della Verna, ha una lunga storia che sarebbe iniziata proprio in occasione della permanenza di Francesco in compagnia di frate Leone sul monte dove il Santo ebbe la visione di Cristo e ricevette l'impressione delle stimmate. L'episodio ci è narrato da san Bonaventura nella *Legenda maior*:

> Scomparendo, la visione gli lasciò nel cuore un ardore mirabile e l'effigie di segni altrettanto meravigliosi lasciò impressa nella sua carne. Subito infatti, nelle sue mani e nei suoi piedi, incominciarono ad apparire segni di chiodi, come quelli che poco prima aveva osservato nell'immagine dell'uomo crocifisso. Le mani e i piedi, proprio al centro, si vedevano confitti con chiodi; le capocchie dei chiodi apparivano nella parte interna delle mani e nella parte superiore dei piedi, mentre le punte sporgevano dalla parte opposta. Le capocchie nelle mani e nei piedi erano rotonde e nere; le punte invece erano allungate, piegate all'indietro e come ribattute, e uscivano dalla carne stessa, sporgendo sul resto della carne. Il fianco destro era come trapassato da una lancia e coperto da una cicatrice rossa, che spesso emanava sacro sangue, imbevendo la tonaca e le mutande.[6]

La tradizione che ruota attorno alla tonaca della Verna si basa su un'incerta documentazione di età medievale, che

[5] Laura Montanari, *San Francesco, falso il saio di Firenze*, «la Repubblica», 06.09. 2007.
[6] San Bonaventura, *Legenda maior*, XIII-3, FF 1226.

si fa via via più consistente sin dalla prima età moderna. Le vicende secolari di questa reliquia sono state ripercorse alcuni anni fa da Nicoletta Baldini e Susanna Conti, dopo un'attenta analisi e un'opera di conservazione del manufatto nei laboratori dell'Opificio delle pietre dure.[7] Le vicende di questa veste si intrecciano alla storia politica e religiosa della Toscana, che vide la prevalenza di Firenze e, nell'ambito francescano, l'ascesa degli Osservanti.

Nelle *legendae* agiografiche francescane il viaggio di ritorno a Santa Maria degli Angeli non è narrato. Nella quarta delle *Considerazioni sulle stimmate*, composte sul finire del secolo XIV e trasmesse insieme ai *Fioretti*, è descritto così: «a Dio piacque per gloria sua mostrare molti miracoli, per virtù delle dette sacre sante e gloriose istimate, e singularmente in quel viaggio dalla Vernia a Santa Maria degli Agnoli».[8] Tra le località percorse per arrivare alla Porziuncola, dove Francesco fu preceduto dalla fama di santità, si citano il contado di Arezzo, Sansepolcro, Monte Casale e Città di Castello.

Della veste di Francesco, o meglio della sua «cappa», si trova un riferimento nella composizione poetica in volgare di Fazio degli Uberti, *Il Dittamondo*: «Altro non c'è; ma se brami cotanto / veder de le sue cose, a Monte Aguto / vedrai la cappa sua». Tale indumento fu conservato fino alla prima età moderna nel Casentino, vallata in provincia di Arezzo. Per la precisione in località Montauto, all'interno della cappella del castello della nobile famiglia Barbolani. Nell'archivio familiare si conserva ancora qualche traccia del culto della veste del Serafico.

Siamo nel 1503, all'epoca della ribellione aretina contro Firenze. I nobili di Montauto, con la sconfitta di Arezzo, persero il castello, che andò distrutto, e furono privati anche della preziosa reliquia. Questa infatti venne trasferi-

[7] Nicoletta Baldini e Susanna Conti, *Il saio delle stimmate di san Francesco d'Assisi*, Firenze, Centro Di, 2010.
[8] Francesco d'Assisi, *Fioretti, Considerazioni sulle stimmate*, IV, FF 1926.

ta a Firenze, con la motivazione ufficiale di promuovere la diffusione del culto nella città più importante della regione. Ne dà testimonianza nel *Dialogo del Sacro Monte* un celebre cronista del tempo, fra' Mariano da Firenze. Il frate minore dell'Osservanza partecipò in prima persona al trasferimento della reliquia, operazione compiuta da un legato comunale, accompagnato da armigeri e, per l'appunto, da alcuni Osservanti. Completate le solenni cerimonie a Firenze, la reliquia fu conservata nella chiesa degli Osservanti di San Salvatore al Monte alle Croci, fino a quando la comunità si trasferì nel convento cittadino di Ognissanti. Cronache coeve e documentazioni d'archivio danno notizia di questi eventi. Infine, con la cessione del convento, nel 2001, il saio delle stimmate ritornò al suo luogo d'origine, con la nuova sistemazione nella cappella delle reliquie del santuario della Verna.

Le ultime due tonache di cui vogliamo parlare rappresentano una sorta di ritorno a casa. L'alfa e l'omega, il primo e l'ultimo abito: la veste penitenziale di Francesco e la tonaca che accompagnò il transito del Santo. Un cammino, quello francescano, lungo e costante, umile e al tempo stesso determinato. Un percorso umano e spirituale che comincia con la spogliazione, quando Francesco accoglie il Signore:

> inebriato da un ammirabile fervore di spirito, depose anche le mutande e si denudò totalmente davanti a tutti dicendo al padre: «Finora ho chiamato te, mio padre sulla terra; d'ora in poi posso dire con sicurezza: Padre nostro, che sei nei cieli, perché in lui ho riposto ogni mio tesoro e ho collocato tutta la mia fiducia e la mia speranza».[9]

Fino all'ultima «tappa», descritta con estrema dolcezza sempre nella *Legenda maior* di san Bonaventura: «Quando infine si furono compiuti in lui tutti i misteri, quell'anima santissima, sciolta dal corpo, fu sommersa nell'abisso della

[9] San Bonaventura, *Legenda maior*, II-4, FF 1043.

chiarità divina e l'uomo beato si addormentò nel Signore».[10] E proprio l'ultimo saio costituisce il vero motivo di ispirazione di questo libro.

La «prima veste» è custodita, assieme ad altre reliquie di san Francesco e santa Chiara, nel protomonastero delle clarisse di Assisi. Si tratta dell'abito con cui Francesco venne ricoperto dopo la ribellione al padre e la spogliazione alla presenza del vescovo Guido.

> Il vescovo, vedendo ciò e ammirando l'uomo di Dio nel suo fervore senza limiti, subito si alzò, lo prese piangendo fra le sue braccia e, pietoso e buono com'era, lo ricoprì con il suo stesso pallio. Comandò poi ai suoi di dare qualcosa al giovane per ricoprirsi. Gli offrirono, appunto, il mantello povero e vile di un contadino, servo del vescovo. Egli, ricevendolo con gratitudine, di propria mano vi tracciò sopra il segno della croce, con un mattone che gli capitò sotto mano, e formò con esso una veste adatta a ricoprire un uomo crocifisso e un povero seminudo.[11]

La tonaca di Assisi

Se la prima veste ci racconta i passi primordiali della missione francescana, l'altro abito assisano risale alla fase conclusiva della vita del Santo e ne descrive altre forme di spiritualità. Ci troviamo nel Sacro Convento di Assisi. Leggiamo come la veste viene presentata dalla ricercatrice tedesca Mechthild Flury-Lemberg: «La notizia più antica su quest'ultima tonaca la troviamo nel Codice 344 (fol 73 ss) della Biblioteca comunale di Assisi, dove viene menzionata già nel 1350 come pezzo di inventario».[12] La citazione è ripresa da un articolo della restauratrice – come detto, celebre per la sua analisi della sacra Sindone di Torino – pub-

[10] *Idem*, XIV-6, FF 1243.
[11] *Idem*, II-4, FF 1043.
[12] Mechthild Flury-Lemberg, *Sulla tonaca di Francesco le pezze di Chiara*, «San Francesco Patrono d'Italia», 2, febbraio 1989.

blicato dalla rivista «San Francesco Patrono d'Italia» del febbraio 1989.

Nel testo di Flury-Lemberg è presente un'accurata descrizione della veste del Santo custodita nella basilica di Assisi:

> La tonaca è di lana rozza, gualcata. Il colore è grigio scuro, come lo permettono le sfumature cromatiche della lana naturale, perché la stoffa non è tinta. ... Dalle cuciture originali conservate, è possibile individuare agevolmente il taglio della veste originaria.

«Sulla parte anteriore» prosegue minuziosa Flury-Lemberg,

> e su quella posteriore vi è un anello di stoffa largo 60 cm che forma la parte centrale alla quale si allacciano lateralmente svariati segmenti, in modo da creare una forma a tunica. ... La tasca per l'elemosina sotto la manica appartiene alle componenti obbligatorie di una tonaca da francescano. La manica sinistra è andata perduta. Fondamentale per l'aspetto generale di questa reliquia sono i numerosi pezzi di lana, grandi e piccoli, attaccati sulla tonaca. Sotto queste pezze si trovano, per quanto è possibile constatare nonostante l'impedimento della fodera, buchi sfrangiati senza tracce di taglio e, in certi particolari punti, anche parecchi piccoli fori uno accanto all'altro. Questi punti vuoti sono stati migliorati in totale con sei diversi pezzi di lana, ognuno dei quali è presente sulla pezza con due o tre pezze.

La descrizione fatta da Mechthild Flury-Lemberg si conclude con un dettaglio di non poco conto:

> L'eccezione è costituita da un pezzo di lana sul marrone, piuttosto grezzo, che è presente sulla tonaca ben diciannove volte. Questa stoffa, spesso in grossi pezzi, è stata apposta sulla tonaca tutta da una stessa mano. Particolari sono le cuciture di queste pezze. Gli orli del taglio sono seguiti da un filo di lino lineare che forma la cucitura chiudendola con un punto ripreso. Invece, le pezze di cui abbiamo parlato prima, meno curate, sono cucite con semplici punti a sopraggitto.

Un pezzo di tessuto che ricorre per «ben diciannove volte», apposto «da una stessa mano». Ci sono elementi sufficienti per catturare l'attenzione del lettore e – come in ogni giallo che si rispetti – lasciarlo per qualche momento col fiato sospeso. Facciamo dunque una pausa. Di quale sia la storia e la verità circa questo elemento «eccezionale» ragioneremo ampiamente, tra qualche pagina.

Entriamo così nel cuore del libro. I due capitoli che seguono indagano la simbologia dei due abiti, la tunica e la tonaca. Sono necessariamente più ampi rispetto al resto. Spero che il lettore capirà e si mostri paziente e comprensivo. Le prossime pagine sono infatti il motivo portante che mi ha spinto a scrivere questo testo.

VII
Simbologia della tunica

Gesù, gridando a gran voce, disse: «Padre, nelle tue mani consegno il mio spirito». Detto questo, spirò.
LUCA 23,46

Non intratur in veritatem nisi per caritatem: non si entra nella verità se non con la carità, se non attraverso l'amore di Dio. Questa celebre frase di sant'Agostino ci accompagnerà nelle prossime pagine, come chiave di lettura per cercare la risposta a quesiti che ci interrogano fin nel profondo dell'anima. Che cosa resta di Dio e del suo amore riversato nei nostri cuori per mezzo dello Spirito Santo? Che cosa resta di suo Figlio, morto per noi? Quale il valore dello «straccio» che Gesù ci lascia, nudo sulla croce? Riprendiamo ancora una volta le parole di Giovanni, quella tunica «senza cuciture, tessuta tutta d'un pezzo da cima a fondo», che venne tirata a sorte tra i soldati (*Gv* 19,23).

La veste inconsutile di Cristo rappresenta quello che siamo chiamati a indossare, che siamo chiamati a essere e a vivere. L'evangelista – come suggerisce Benedetto XVI nella già citata lettera al vescovo di Treviri – «ci rende esplicito l'evento [cioè la divisione delle vesti e l'impossibilità di spartirsi la tunica] e ci aiuta, grazie alla reliquia, a guardare con fede al Mistero della salvezza».[1] Soffermiamoci al-

[1] Benedetto XVI, Messaggio al vescovo di Trier, 06.04.2012, www.vatican.va.

lora e nuovamente sui caratteri della veste del Salvatore e cerchiamo di cogliere il «mistero» che essa rivela.

Diversi sono i livelli di interpretazione di questo passaggio dei Vangeli, che il solo Giovanni ha descritto con dovizia di particolari, soffermandosi sui caratteri della veste di Cristo. Una spiegazione può essere quella secondo cui la tunica ricorderebbe il paramento sacerdotale: il Messia sarebbe così morto non solo come re, ma anche come sommo sacerdote «che, proprio in questa ora del suo estremo disonore, compie il suo ministero sacerdotale».[2] Ma secondo le spiegazioni tradizionali il significato da attribuire alla veste inconsutile ruota intorno al concetto di unità. I caratteri che Giovanni attribuisce alla tunica vanno così a identificare ciascuno un aspetto di questa unità: di Dio, di Cristo, della Chiesa, dei cristiani e della fede tutta.

Una tunica inconsutile

Si tratta di una tunica «tessuta tutta d'un pezzo». Gesù è tutt'uno con il Padre e con noi, suoi figli e fratelli. «Ma Dio dimostra il suo amore verso di noi nel fatto che, mentre eravamo ancora peccatori, Cristo è morto per noi» (*Rm* 5,8). Non possiamo trovare la nostra unità se non in Lui. Egli è, come scrive Anne Lécu, «il nome della nostra unità interiore, il nome del legame che ci unisce. Ed Egli non smette di pregare il Padre perché l'unità sia riconosciuta, ricevuta, donata».[3] I soldati tirano a sorte la tunica, così che la veste rimane intera, unita e indistruttibile, come la Chiesa che

> è fondata come unica e indivisa comunità dall'amore di Cristo. La Sacra Tunica intende renderci visibile tutto questo. L'amore del Salvatore ricongiunge ciò che è diviso. La Chiesa è una nei molti. Cristo non dissolve la pluralità degli uomini, ma li unisce nell'essere gli uni per gli altri e con gli

[2] Benedetto XVI, *Gesù di Nazaret*, Città del Vaticano, Libreria Editrice Vaticana, 2011.
[3] Anne Lécu, *Hai coperto la mia vergogna*, Cinisello Balsamo, San Paolo, 2019, p. 109.

altri tipico dei cristiani, tanto da poter diventare, essi stessi, in vari modi, mediatori gli uni per gli altri verso Dio.[4]

La tunica «senza cuciture» porta con sé un interrogativo: come è possibile strappare, dividere in pezzi, ciò che è creato senza soluzione di continuità? Difficile riuscire a concepire di separare ciò che è sorto per stare unito. Possiamo scorgere l'unità dei discepoli di Cristo, di coloro che porteranno la sua parola nei quattro angoli del mondo e che terranno viva nel corso dei secoli la sua testimonianza.

> La tunica senza cuciture è espressione dell'unità che il sommo sacerdote Gesù aveva chiesto per i suoi la sera prima della Passione. Di fatto, nella Preghiera sacerdotale si collegano inscindibilmente insieme il sacerdozio di Gesù e l'unità dei suoi. Ai piedi della croce percepiamo ancora una volta in modo penetrante il messaggio che Gesù nella sua preghiera, prima di uscire incontro alla morte, ci ha posto davanti e ha scritto nei nostri cuori.[5]

La veste senza cuciture ci rende la verità più vera: la Parola di Dio. «E senza la Parola niente è stato fatto di ciò che esiste» (*Gv* 1,3). Occorre prenderne atto, anche se istintivamente siamo portati a diffidare, a non credere che il Signore possa rivolgersi direttamente a noi. Siamo chiamati in causa, in prima persona. Gesù e la sua tunica senza strappi o cuciture ci chiamano a uno a uno, nonostante le nostre titubanze, le nostre paure, le nostre vergogne. Una veste liscia, soave, evoca il nostro nome, ci ammanta e ricuce le nostre ferite: è la Parola che restituisce il senso della nostra esistenza.

Anne Lécu scrive che l'immagine della tunica senza cuciture «è metafora della misericordia di Dio che viene a ricoprire ciò che mascherava la nostra innocenza, essa restaura la nostra somiglianza originale con Dio. È la pelle del nostro essere più profondo». Pelle «senza strappi o graf-

[4] Benedetto XVI, Messaggio al vescovo di Trier, cit.
[5] Benedetto XVI, *Gesù di Nazaret*, cit.

fi malgrado tutte le disgrazie del mondo; anche se ingombrata di detriti. Essa ci rende la verità del nostro essere».[6]

La tunica diventa così la nostra stessa pelle, curata dalle ferite. E come i malati, quei lebbrosi che chiedevano e ottenevano purificazione da Gesù, così noi vogliamo accogliere l'invito che Cristo rivolge loro: «Guardati bene dal dirlo a qualcuno; va' invece a mostrarti al sacerdote» (*Mt* 8,4). Superare la paura del rifiuto e dell'emarginazione. Sentirsi nuovamente puri e innocenti. «Il fatto che delle persone, avendo fiducia in Dio, possano ricominciare a sentirsi bene nella propria pelle e a riacquistare il coraggio di farsi vedere dagli altri – questo miracolo di incredibile fiducia era riposto in Cristo».[7] La vicinanza con Gesù, attraverso la tunica, ci fa tornare in contatto con il mondo che ci circonda. Ci infonde fiducia. *Una veste senza cuciture ricuce ogni strappo delle nostre esistenze.* Grazie alla Parola del Figlio dell'uomo tutti, ma in particolare coloro che non potevano più essere toccati, gli ultimi, gli emarginati, riacquistano il proprio posto nel mondo.

La tunica tutta d'un pezzo è il nome della nostra unità interiore, è la verità del nostro essere, la dignità della nostra vita. Credo che la simbologia di questa tunica senza cuciture ci riguardi intimamente. Ci racconta fin nel profondo l'unicità della nostra vita. Non siamo dei pezzi intercambiabili, non siamo dei pezzi in vendita. Non siamo dei pezzi fatti in serie, siamo unici. Ritornano le parole del profeta Isaia: «Perché tu sei prezioso ai miei occhi, perché sei degno di stima e io ti amo, do uomini al tuo posto e nazioni in cambio della tua vita. Non temere, perché io sono con te» (*Is* 43,4-5).

Dio è al nostro fianco, scommette su di noi, attraverso Gesù.

Una stella brillò in cielo oltre ogni stella in quella notte; la sua luce fu oltre ogni parola e la sua novità destò stupo-

[6] Anne Lécu, *Hai coperto la mia vergogna*, cit., p. 109.
[7] Eugen Drewermann, *La ricchezza della vita*, Brescia, Queriniana, 1998, p. 183.

re. Tutte le altre stelle, insieme col sole e con la luna, formarono un coro attorno a quella stella che tutte sovrastava in splendore.

È uno scritto del II secolo d.C. di uno dei Padri della Chiesa, il vescovo sant'Ignazio di Antiochia. Vorrei riferire questa immagine a ciascuno di noi: siamo questo pezzo unico, siamo questa stella lucente, che sovrasta le altre luci per splendore.

Cosa accade quando percepiamo e viviamo la nostra unicità, che diventa anche la nostra luminosità? Risplendiamo d'amore. Allora prendiamo a prestito i versi del poeta indiano Rabindranath Tagore, che pongono l'accento sull'amore:

> Dammi, Signore, la forza di sopportare serenamente gioie e dolori. Dammi la forza di rendere il mio amore utile e fecondo. Dammi la forza di non rinnegare mai il povero, di non piegare le ginocchia di fronte all'insolenza dei potenti. Dammi la forza di elevare il pensiero sopra la meschinità della vita di ogni giorno. Dammi la forza di arrendere con amore la mia forza alla tua volontà.

Un'intensa preghiera da cui emerge, per citare il cardinal Ravasi,[8] un vero e proprio programma morale, con al centro l'amore. Tutto questo ci conduce in fin dei conti a far emergere i lineamenti di Dio in noi. Penso alle parole dello scrittore argentino agnostico Jorge Luis Borges, che scriveva:

> Abbiamo perduto quei lineamenti, come si può perdere un numero magico, fatto di cifre abituali; come si perde per sempre un'immagine nel caleidoscopio. Possiamo scorgerli e non riconoscerli. Il profilo di un ebreo nella ferrovia sotterranea è forse quello di Cristo; le mani che ci porgono alcune monete a uno sportello forse ripetono quelle che i soldati, un giorno, inchiodarono alla croce. Forse un tratto del volto crocifisso si cela in ogni specchio; forse il volto morì, si cancellò affinché Dio sia tutti.[9]

[8] Gianfranco Ravasi, *Mattutino*, Casale Monferrato, Piemme, 1993.
[9] Jorge Luis Borges, *Paradiso*, XXXI, 108.

Una tunica tessuta da cima a fondo

La tunica è tessuta dall'alto verso il basso, dal capo ai piedi. L'unità del tutto, anche in questo caso. E la direzione è il segno di un'unità che proviene dall'alto, che è dono di Dio. Perché solo dall'alto possiamo scorgere il dono del Padre: il Regno. È ciò che Gesù svela nella sua risposta a Nicodemo: «In verità, in verità io ti dico, se uno non nasce dall'alto, non può vedere il regno di Dio» (*Gv* 3,3). Questa tunica, segno di misericordia, proviene dall'alto e possiamo ricavarne anche un segno della carità, di quel sentimento di amore che unisce gli uomini a Dio e gli uomini tra di loro, attraverso Dio.

È appunto sant'Agostino a mettere in risalto questo carattere della tunica inconsutile:

> In quella veste fu raccomandata l'unità; in quella veste fu proclamata la carità; è proprio essa, tessuta dall'alto. La cupidigia viene dalla terra; la carità dall'alto. Questa carità non è tenuta se non nell'unità della Chiesa. Non l'hanno i fautori di divisione. Perciò se ne allontanano come dalla loro fonte, perché non hanno il coagulo della carità. Il Signore glorificato nella risurrezione raccomanda la Chiesa; glorificato nell'ascensione, raccomanda la Chiesa; inviando dal cielo lo Spirito Santo, raccomanda la Chiesa.[10]

Una tunica che simboleggia l'unità nella fede in Cristo e che non può essere divisa tra gli uomini. Nella sua omelia nella basilica di San Pietro in Roma per il Venerdì Santo 2008, padre Raniero Cantalamessa ha fatto riferimento a questa unità non solo come a un traguardo da raggiungere, ma come a un «dono da accogliere». In un passaggio dell'omelia ha citato san Cipriano: «Che la tunica fosse tessuta "dall'alto in basso" significa che "l'unità recata da Cristo proviene dall'alto, dal Padre celeste, e non può perciò essere scissa da chi la riceve, ma deve es-

[10] Sant'Agostino, *Discorsi*, passaggio citato da monsignor Giuseppe Zenti, *La tunica di Cristo icona dell'unità della Chiesa*, 17.03.2017, www.veronafedele.it.

sere accolta integralmente"».[11] L'immagine ci suggerisce anche che la Chiesa non vive da sola, ma grazie a Dio e in simbiosi con Dio:

> Come comunità unica e indivisa essa è opera di Dio, non il prodotto degli uomini e delle loro capacità. La Sacra Tunica vuole, nello stesso tempo, essere, per così dire, un ammonimento alla Chiesa perché rimanga fedele alle sue origini, si renda consapevole che la sua unità, il suo consenso, la sua efficacia, la sua testimonianza possono essere, in fondo, creati solo dall'alto, possono essere donati solo da Dio. Solamente quando Pietro ha confessato: «Tu sei il Cristo» (*Mt* 16,16), riceve il potere di legare e di sciogliere, quindi il servizio a favore dell'unità della Chiesa.[12]

Se questo avviene a livello ecclesiale, c'è anche un aspetto esistenziale. Ci rendiamo conto, lungo il cammino della vita anche attraverso la via spirituale, che ci sono dei momenti che creano una profonda solitudine e disperazione. In quelle fasi cadono tutti gli orpelli, sentiamo il bisogno e la necessità di entrare in comunione con gli altri. Sentiamo come una fame che ci porta a gustare la presenza dell'altro. Per vivere questo, è necessario percepire che cosa è veramente essenziale, che cosa veramente rimane della vita. Ci accorgiamo improvvisamente che ovunque guardiamo, avanti e indietro, l'unica cosa che conta è l'amore. Ecco, credo, il livello simbolico di questa tunica tessuta da cima a fondo: da cima a fondo la nostra unica veste è l'amore. Ed è in quest'amore che si gioca la partita più interessante che fa emergere il vero abito che indossiamo.

L'essenzialità dell'amore, non tanto come bisogno quanto come valore, in grado di orientare l'agire umano. Attingendo alle scienze sociali, se i bisogni nascono dalle mancanze, i valori riempiono di senso, sono animati dal sacrificio: rendono sacro ciò che si fa. I valori stanno sempre dinanzi

[11] San Cipriano, *De catholicae Ecclesiae unitate*, 7; citato da Raniero Cantalamessa, Ofm Cap, Omelia del Venerdì Santo, 21.03.2008, basilica di San Pietro, Roma.
[12] Benedetto XVI, Messaggio al vescovo di Trier, cit.

a noi, guidano l'uomo. Così, l'uomo che cerca l'amore si fa guidare da questa luce.

L'amore deve essere rivolto verso gli altri: guai a farci travolgere dall'amore per noi stessi. Per dirlo anche in termini filosofici: «La causa di tutte le colpe di ogni uomo in ogni occasione nasce dallo smodato amore di se stesso». Questo pensiero di Platone, che il filosofo espone nel suo trattato *Le leggi*, viene citato da Irénée Hausherr, nel testo *Philautía*, libro che ci dà la giusta direzione verso cui impostare il nostro cammino: dall'amore di sé alla carità.[13]

Occorre al tempo stesso avere indulgenza verso gli altri, accoglierne le mancanze, cercando di prendere consapevolezza prima di tutto delle nostre, di mancanze, imparando da Fedro e dal mito delle due bisacce: quella davanti con i difetti altrui, quella alle nostre spalle contenente i nostri. Oggigiorno c'è molta frammentazione. A volte siamo frantumati dentro, in tanti pezzetti che ci fanno male, ci danno fastidio e ci rendono malevoli e spigolosi. Abbiamo bisogno di recuperare un senso di fiducia, la stima verso noi stessi e verso gli altri. Uno scatto che può avvenire soltanto attraverso l'Amore, per portarci a chiedere cosa possiamo fare per vivere una vita in pienezza.

Inoltre, i soldati che, secondo l'uso romano, si dividono il «bottino» fatto delle povere cose ai piedi del crocifisso non strappano la tunica: la tirano a sorte cosicché essa rimane intera. Non appartiene a nessun uomo in particolare, in quanto appartiene a tutta l'umanità. «La tunica senza cuciture di Gesù viene a sostituire la cintura intrecciata da Adamo, ... viene a ricoprire tutte le Tamar violentate ... Viene a rivestire Pietro e ciascuno di noi affinché ci presentiamo gloriosi davanti a Dio.»[14] Una tunica tirata a sorte per l'umanità, così che ogni uomo possa presentarsi degno e dignitoso davanti all'altro uomo e davanti al Signore. L'ultimo lascito di Cristo è un modesto indumento, utile a co-

[13] Irénée Hausherr, *Philautía*, Magnago, Qiqajon, 1999.
[14] Anne Lécu, *Hai coperto la mia vergogna*, cit., p. 111.

prire, proteggere e custodire chi lo indossa. Una veste come dono indiviso di Gesù alla nascente comunità dei cristiani, santificata con il sangue della croce. Un abito semplice, a ricordarci il valore dignitoso dell'umanità: «Vi è bisogno di una costante disposizione alla conversione e all'umiltà, per seguire il Signore con amore e con verità».[15]

Amore e verità, per superare l'angoscia e le nostre paure. Gesù, col suo sacrificio, ci dà prova di fede. La sua veste, tirata a sorte, restituisce a tutti noi, ancora una volta, quel senso di fiducia verso l'altro e verso la vita tutta. Ci viene indicata la via, il cammino per essere finalmente liberi. La tunica permette così l'ultimo scatto, attraverso la fede, verso la piena consapevolezza dell'uomo. Vivere in fiducia e realizzare il bene, nel simbolo della croce.

Questa tunica tirata a sorte, che non viene strappata né divisa, ci dice quanto sia importante far sì che a parlare sia la Voce, non le voci. Per far comprendere questo passaggio, porto l'esempio dell'indemoniato, dal Vangelo di Marco:

> Allora un uomo che era nella sinagoga, posseduto da uno spirito immondo, si mise a gridare: «Che c'entri con noi, Gesù Nazareno? Sei venuto a rovinarci! Io so chi tu sei: il santo di Dio!». E Gesù lo sgridò: «Taci! Esci da quell'uomo». E lo spirito immondo, straziandolo e gridando forte, uscì da lui (*Mc* 1,23-26).

La riflessione che ne ricava Drewermann è illuminante.[16] Nelle grida dell'indemoniato scorgiamo le tante voci che condizionano le nostre esistenze. Nel confrontarci con l'altro, spesso non è il singolo a parlare quanto la collettività tutta, con i condizionamenti e i retaggi che ciò porta con sé. Subentra la paura, si modifica il linguaggio e sorgono i paletti, i vincoli: ciò va fatto, ciò non va fatto, dipende da quello che dicono gli altri. Se potessimo vedere con l'introspezione o magari attraverso una cabina cine-

[15] Benedetto XVI, Messaggio al vescovo di Trier, cit.
[16] Eugen Drewermann, *Il Vangelo di Marco*, Brescia, Queriniana, 1994.

matografica le voci che parlano dentro di noi, ci accorgeremmo che una volta a parlare è nostra nonna, altre volte nostro padre, una zia, un amico. Il difficile, invece, è far emergere la nostra voce: far emergere tutta la nostra dignità. A volte sembriamo dei tirati a sorte, a parlare per noi è l'uno o l'altro. Ma la nostra sorte è quella più interessante, che Gesù simbolicamente ci rivela ai piedi della croce: voglio che parli tu, che parli il sogno che io ho posto nel tuo cuore.

Una tunica di colore rosso

Nell'immaginario collettivo, la tunica di Gesù è una veste di colore rosso. Un abito che richiama l'amore, ci invita e al tempo stesso ci rende capaci di amare. Un amore che troviamo già come una delle emozioni presenti nella Bibbia. Antico e Nuovo Testamento propongono infatti una sorta di «spettro cromatico emotivo che procede dal violetto gelido dell'angoscia o paura e approda al rosso caloroso della gioia o della tenerezza».[17]

«Dio è amore» sono le parole dalla Prima lettera di Giovanni con cui si apre la *Deus caritas est* di Benedetto XVI. Nella sua prima enciclica Ratzinger ci parla dell'essenza dell'amore di Dio, a partire dalle sue gradazioni platoniche: *eros*, *philia* e *agape*. L'*eros* è quel tipo di amore «tra uomo e donna, che non nasce dal pensare e dal volere ma in certo qual modo s'impone all'essere umano». Con *philia* si intende l'amore amicale «ripreso e approfondito nel Vangelo di Giovanni per esprimere il rapporto tra Gesù e i suoi discepoli». Con *agape*, invece, si esprime una «nuova visione dell'amore» e questo introdurrebbe «indubbiamente nella novità del cristianesimo qualcosa di essenziale, proprio a riguardo della comprensione dell'amore».

[17] Gianfranco Ravasi, *Per una teologia biblica delle emozioni*, *keynote* al convegno «Do emotions shape the world?», 02.05.2014, www.cultura.va.

Amore che è un cammino di ascesa e purificazione. Papa Benedetto XVI si chiede come debba essere vissuto l'amore per la sua piena realizzazione:

> Una prima indicazione importante la possiamo trovare nel Cantico dei cantici, uno dei libri dell'Antico Testamento ben noto ai mistici. ... Adesso l'amore diventa cura dell'altro e per l'altro. Non cerca più se stesso, l'immersione nell'ebbrezza della felicità; cerca invece il bene dell'amato: diventa rinuncia, è pronto al sacrificio, anzi lo cerca.

Ricerca del sacrificio per il bene dell'altro, della persona amata. È in questa via verso l'alto, verso la purificazione più intima, che l'amore cerca una propria definitività:

> E ciò in un duplice senso: nel senso dell'esclusività – «solo quest'unica persona» – e nel senso del «per sempre». L'amore comprende la totalità dell'esistenza in ogni sua dimensione, anche in quella del tempo. Non potrebbe essere diversamente, perché la sua promessa mira al definitivo: l'amore mira all'eternità. Sì, amore è «estasi».[18]

La tunica di Cristo ci avvolge, racchiude l'amore per l'uomo, un amore che si fa dono. L'amore per eccellenza infatti è donarsi. «Amatevi gli uni gli altri, come io vi ho amato» (*Gv* 15,12), ecco il comandamento di Gesù. Una comparazione che va oltre quella biblica («Ama il prossimo come te stesso»), ma arriva a essere «totale e paradossale: "come io vi ho amato", cioè fino alla donazione assoluta, perché "nessuno ha un amore più grande di questo: dare la vita per i propri amici"».[19] Amare e amarsi come ci ha amato Dio, ovvero all'infinito.

La tunica inconsutile, veste umile simbolo di unità, carità e amore è anche l'indumento più intimo, indossato a diretto contatto con il corpo. La veste di Cristo è nient'altro che «la Divina Immagine, la quale non cucita, per dir così,

[18] Benedetto XVI, enciclica *Deus caritas est*, 25.12.2005.
[19] Gianfranco Ravasi, *La buona novella*, Milano, Mondadori, 1998.

ma infusa e impressa al di dentro della natura»[20] e non la si può né dividere né separare. Impossibile da separare, impossibile da dividere perché impressa nella nostra natura, nelle nostre anime. Così come non è possibile dividere quello che è l'ultimo vero lascito di Gesù:

> Noi uomini possiamo dividere la Chiesa nel suo elemento umano e visibile, ma non la sua unità profonda che si identifica con lo Spirito Santo. La tunica di Cristo non è stata e non potrà mai essere divisa. È la fede che professiamo con le parole: «Credo la Chiesa, una, santa, cattolica e apostolica».[21]

L'umiliazione inflitta al corpo di Gesù, le sue vesti spartite; la sua tunica tirata a sorte e lasciata a noi dal Cristo nudo sulla croce, in un momento tanto grave quanto fondamentale: un passaggio della storia che ci ricorda che tutto, perfino la sofferenza più atroce e indicibile, passa grazie alla fede. Una fede sincera e pura, «senza cuciture, tessuta tutta d'un pezzo da cima a fondo». Una fede fatta di amore caritatevole e che sarà il collante ultimo dell'umanità. L'unità dei fedeli in Cristo e in Dio. L'unità come dono e come esortazione: «Fare la verità nella carità» (*Ef* 4). È questa la via che conduce, attraverso il mistero, alla salvezza.

Abbiamo visto in precedenza che l'unità dei fedeli è da considerarsi un dono da accogliere. Così la tunica inconsutile va accolta come un dono, come un insegnamento da cui apprendere e da mettere in pratica nel quotidiano. L'eredità di Cristo, il suo messaggio, lo scopo ultimo della sua testimonianza terrena. Ancora una volta ci aiuta la lettura fornita da padre Cantalamessa: «Qualunque sia la spiegazione che si dà del testo, una cosa è certa: l'unità dei discepoli e, attraverso di essi, di tutto il genere umano, è, per Giovanni, lo scopo per cui Cristo muore».[22] Sono due i passaggi in cui questo ci viene palesato dall'evangelista: «Gesù doveva

[20] Gaetano Moroni, *Dizionario di erudizione storico-ecclesiastica da san Pietro sino ai nostri giorni*, vol. 77, Roma, 1856.
[21] Raniero Cantalamessa, Ofm Cap, Omelia del Venerdì Santo, cit.
[22] *Idem.*

morire ... per riunire insieme i figli di Dio che erano dispersi» (*Gv* 11,51-52). Così come, nel riportare le parole di Cristo nell'ultima cena, possiamo cogliere il fine ultimo della venuta del Salvatore: «Non prego solo per questi [i discepoli], ma anche per quelli che crederanno in me mediante la loro parola: perché tutti siano una sola cosa; come tu, Padre, sei in me e io in te, siano anch'essi in noi, perché il mondo creda che tu mi hai mandato» (*Gv* 17,20-21).

Credere in Dio attraverso Gesù. Essere in grado di volgere il proprio cuore al Signore, senza interferenze o distrazioni, ma mediante la parola.

> Diceva loro nel suo insegnamento: «Guardatevi dagli scribi, che amano passeggiare in lunghe vesti, ricevere saluti nelle piazze, avere i primi seggi nelle sinagoghe e i primi posti nei banchetti. Divorano le case delle vedove e pregano a lungo per farsi vedere. Essi riceveranno una condanna più severa» (*Mc* 12,38-40).

L'invito a «guardarsi da» qualcuno o da qualche atteggiamento è ricorrente anche negli scritti di san Francesco.[23] Nel caso del Santo di Assisi, il valore dell'esortazione sta nella necessità di salvaguardare il sapore autentico dei principi francescani. Tornano alla mente le parole di Eugen Drewermann, dal testo *Il Vangelo di Marco*. Nel commentare il versetto evangelico sopra citato, Drewermann accenna al parallelismo tra Cristo e il Santo di Assisi:

> Di san Francesco si dice che abbia capito veramente Gesù come nessun altro e che nella sua vita lo abbia imitato nel modo giusto. San Francesco vendette perfino una Bibbia per dare il ricavato a un povero, perché, diceva, l'importante non consiste nelle parole che stanno nella Bibbia, ma nelle parole di Dio che abbiamo compreso personalmente nella nostra vita. Il papa esortò Francesco a formulare una regola per i suoi frati minori, e dopo aver molto esitato, Francesco dovette rassegnarsi all'inevitabile: *scrisse* una regola, ma vi

[23] Francesco d'Assisi, *Regola non bollata*, VIII-1, FF 28.

aggiunse che la si doveva vivere «*sine glossa*», senza commento. Il Poverello di Assisi aveva avuto l'esatto presentimento di ciò che sarebbe avvenuto più tardi. Infatti, pochi anni dopo la sua morte, i suoi confratelli erano già coinvolti in una disputa insanabile su come si dovesse «interpretare» la sua regola, invece di viverla.

E l'autore prosegue spiegando:

> Nella storia dell'umanità questa perversione sembra ripetersi incessantemente: da qualche parte nasce un genio; si logora i nervi per la causa in cui crede e che incarna, si rovina la salute, trascorre notti insonni, dal punto di vista esteriore fallisce. Ma tre, quattro decenni più tardi ecco storici dell'arte, della letteratura, della Chiesa, buttarsi sulla sua vita e sulla sua opera e spiegare con acribia e diligenza perché Baudelaire, Hölderlin, Goya, Van Gogh, Savonarola, Giordano Bruno, Giovanna d'Arco siano stati dei grandi personaggi. Neanche un briciolo dei veri conflitti e delle vere lotte di questi «grandi» trova accesso nella vita personale di questi critici. Semplicemente tutti questi interpreti si fanno grandi spiegando perché quegli altri siano stati così grandi. Per quanto li riguarda, si considerano completamente fuori dal gioco con tutte le loro spiegazioni, anzi, si sentono tanto più validi come interpreti quanto meno si sentono coinvolti con la loro vita personale. Ed è proprio questo falsificare la vita ... che ha davanti agli occhi Gesù [e mi permetto di aggiungere Francesco] quando ammonisce con insistenza: «Guardatevi da».[24]

Senza troppo dilungarci, dunque, procediamo nel nostro personalissimo parallelismo tra le due figure. Dopo la tunica e ciò che essa simboleggia, viene la tonaca e l'essenza francescana che tale indumento porta con sé.

[24] Eugen Drewermann, *Il Vangelo di Marco*, cit., p. 333.

VIII

Simbologia della tonaca

> Tutti i frati, in qualunque luogo si trovino presso altri per servire o per lavorare, non facciano né gli amministratori, né i cancellieri, né presiedano nelle case in cui prestano servizio; né accettino alcun ufficio che generi scandalo o che porti danno alla loro anima; ma siano minori e sottomessi a tutti coloro che sono in quella stessa casa.
>
> FRANCESCO D'ASSISI, *Regola non bollata*, FF 24

Se la tunica di Gesù diventa metafora della trascendenza di Dio, la tonaca di Francesco ci appare come testimonianza della fragilità dell'uomo. Come il suo Maestro Gesù, il Santo di Assisi ha indossato e vissuto il proprio «straccio», ci ha fatto percepire la bellezza dell'amore, ci ha donato la dignità di uomo, ci ha chiamati a rattoppare e ricucire.

Una tonaca concessa, donata in segno di fratellanza. Un abito a simbolo della gratuità della vita: «E quando sarà ritornato, il ministro gli conceda i panni della prova, per un anno, e cioè due tonache senza cappuccio e il cingolo e le brache e il capperone fino al cingolo».[1] Un dono è la vita, così come un dono del Signore sono i nostri fratelli e sorelle. A riconoscerlo è Francesco nel proprio *Testamento*: «E dopo che il Signore mi dette dei fratelli».[2]

[1] Francesco d'Assisi, *Regola non bollata*, II, FF 7.
[2] Francesco d'Assisi, *Testamento*, 1226, FF 116.

Una tonaca grigio-marrone, una tonaca lacerata, consumata, sporca, una tonaca rattoppata. Una tonaca come cartina di tornasole dell'esperienza francescana sulla Terra. Simbolo della sua semplicità, della sua dedizione e vocazione alla povertà, del rispetto e della cura del creato. Una tonaca che è emblema di devozione e amore.

Il saio di Francesco è «specchio di perfezione»; il Santo

> in nessun caso ammetteva che i frati avessero più di due tonache, che però concedeva fossero rattoppate con pezze. Diceva che le stoffe ricercate le aveva in orrore, e ruvidamente rimproverava quelli che facevano il contrario. E per eccitarli con il suo esempio, portava sempre cuciti sulla sua tonaca dei pezzi di sacco grossolano. E, morente, comandò che la tonaca per le esequie fosse ricoperta di sacco.[3]

«Poiché quanto l'uomo vale davanti a Dio, tanto vale e non di più.»[4] È questa frase che ci guida nella lettura simbolica della tonaca di san Francesco. Il vero valore dell'uomo consiste nella sua fede in Dio e negli altri esseri umani e nulla più. In questo, nella propria devozione e dedizione, sta la dignità e l'importanza dell'agire umano. L'uomo vale per quello che è profondamente. Nessun commento potrà eguagliare l'essenza della tunica e della tonaca.

Il proverbio recita: «L'abito non fa il monaco». Non bisogna fermarsi all'apparenza, occorre che alle parole, per quanto buone, seguano i fatti, altrettanto meritevoli. In caso contrario è solo un ipocrita «predicar bene e razzolare male», sempre per ricorrere ai detti popolari. Ma, nel caso di Francesco e della sua veste, possiamo ribaltare il proverbio: la tonaca fa il frate. Lo fa eccome!

Francesco abbandona l'abito sfarzoso: il cambio d'abito ha scandito i momenti salienti della sua vita. Possiamo scorgere tre fasi diverse del suo cammino spirituale, a cui si accompagnano rispettivamente tre diversi modi di ve-

[3] Anonimo, *Specchio di perfezione*, XV, FF 1698.
[4] Francesco d'Assisi, *Ammonizioni*, XIX, FF 169.

stire. Dalle «vesti sfarzose e morbide» che usava indossare prima della conversione, passando per l'abito eremitico, fino a quella veste che diventerà emblema della fraternità: la tonaca o saio francescano.

Abbiamo già visto come Tommaso da Celano, nel tracciare il profilo biografico di Francesco prima della conversione, abbia descritto gli elementi del suo carattere anche attraverso l'annotazione di ciò che egli vestiva: «Cercava di eccellere sugli altri ovunque e con smisurata ambizione: nei giochi, nelle raffinatezze, nelle parole scurrili e sciocche, nei canti, nelle vesti sfarzose e fluenti».[5] A questo riguardo, papa Benedetto XVI utilizzò un'espressione che fece molto discutere l'opinione pubblica, ma che è sicuramente efficace: «Francesco prima era quasi una specie di *playboy*. Poi, ha sentito che questo non era sufficiente. Ha sentito la voce del Signore: "Ricostruisci la mia casa". Man mano ha capito cosa voleva dire "costruire la casa del Signore"».[6]

Dobbiamo essere indulgenti con gli altri e lo saremo a maggior ragione anche con il giovane Francesco. D'altronde, da ragazzi, è comune essere concentrati solo sul proprio io:

> L'Io è una brutta bestia, ciascuno di noi lo sa per conoscenza diretta. Ti morde il cuore, ti becca il cervello, si agita dentro lo scafandrone-prigione nel quale lo hai rinchiuso, picchia colpi sordi alle tue interne pareti. Vuole essere preso in considerazione, manifestarsi, essere guardato, essere ammirato.[7]

Lo sconfinato amore, la voglia di primeggiare e di stupire. I panni del mercante, poi del soldato, in ogni caso del borghese con l'ambizione di entrare nell'aristocrazia assisana gli vanno stretti. Comincia così il percorso di comprensione e conversione. Ma l'attitudine e il destino di Francesco

[5] Tommaso da Celano, *Vita prima*, I, FF 320.
[6] Benedetto XVI, Incontro con i sacerdoti della diocesi di Albano, Castel Gandolfo, 31.08.2006, www.vatican.va.
[7] Eugenio Scalfari, *Incontro con Io. Un viaggio nella memoria alla scoperta di sé*, Milano, Rizzoli, 1995.

erano già rintracciabili in questa prima fase della sua vita, tanto forte era l'amore e il senso di umanità che lo contraddistinguevano. Riusciva a sopportare e comprendere perfino le persone più «intrattabili» e, grazie a tale capacità, era in grado di portare la pace: «Era un animo capace di ogni grazia e, fino da allora, come vaso eletto di virtù, esalava attorno i suoi carismi».[8]

Nella visita a Roma, presso la tomba di san Pietro, esprime la sua vicinanza agli ultimi con l'atto più simbolico: indossarne le vesti.

> Fu in questa circostanza che, vedendo la grande moltitudine dei mendicanti davanti alle porte di quella chiesa, spinto da una soave compassione e, insieme, allettato dall'amore per la povertà, donò le sue vesti al più bisognoso di loro e, ricoperto degli stracci di costui, passò tutta la giornata in mezzo ai poveri, con insolita gioia di spirito.[9]

L'abito penitenziale: la «chiamata» avviene in quel di San Damiano e, come ha raccontato papa Bergoglio nella sua prima omelia assisana, «parte dallo sguardo di Gesù sulla croce». Francesco d'Assisi si lascia guardare da Cristo, i cui occhi si rivolgono direttamente ai nostri cuori:

> E il Crocifisso non ci parla di sconfitta, di fallimento; paradossalmente ci parla di una morte che è vita, che genera vita, perché ci parla di amore, perché è l'Amore di Dio incarnato, e l'Amore non muore, anzi, sconfigge il male e la morte. Chi si lascia guardare da Gesù crocifisso viene ri-creato, diventa una «nuova creatura». Da qui parte tutto: è l'esperienza della Grazia che trasforma, l'essere amati senza merito, pur essendo peccatori.[10]

Il «playboy», colui che eccelleva nello sfarzo, nei vezzi e nel peccato prima della conversione, diventa altresì un campione di fede e lo fa con un atto straordinario: si ribella al

[8] Tommaso da Celano, *Vita seconda*, I, FF 584.
[9] San Bonaventura, *Legenda maior*, I, FF 1037.
[10] Francesco, Omelia in piazza San Francesco, Assisi, 04.10.2013.

padre e abbandona le sue ricche vesti. Ne scrive il professor Stefano Brufani:

> Al momento culminante dei contrasti con il padre Pietro di Bernardone, ricco mercante di stoffe, Francesco, davanti al vescovo di Assisi, Guido, «si toglie tutte le vesti e le getta tra le braccia di suo padre, restando nudo davanti a tutti».[11] Poi, iniziando una vita da penitente, assunse un abito comune a molti eremiti itineranti.[12]

Il giovane e ricco assisano abbandona gli agi della vita di prima e prosegue il suo cammino in quella che diventa un'esistenza di servizio. «Finalmente arrivò a un monastero di monaci, dove rimase parecchi giorni vestito di un solo povero camiciotto a far da sguattero nella cucina, e per cibarsi era ridotto a desiderare almeno un po' di brodo.»[13]

Il percorso spirituale è ben descritto da Brufani:

> Secondo la tradizione del Celanese la «scoperta del Vangelo» avvenne alla Porziuncola, quando durante una Messa venne letto il brano evangelico della missione degli apostoli, dove si specifica in quale modo essi dovessero andare due a due per il mondo ad annunciare la buona novella.

Ecco il passaggio dalla *Vita prima* di Tommaso da Celano:

> Ma un giorno, in cui in questa chiesa si leggeva il brano del Vangelo relativo al mandato affidato agli apostoli di predicare, il Santo, che era presente e ne aveva intuito solo il senso generale, dopo la messa pregò il sacerdote di spiegargli il passo. Il sacerdote glielo commentò punto per punto e Francesco, udendo che i discepoli di Cristo non devono possedere né oro, né argento, né denaro, né portare bisaccia, né pane, né bastone per via, né avere calzari, né due tonache, ma soltanto predicare il regno di Dio e la penitenza, subito, esultante di divino fervore, esclamò:

[11] Tommaso da Celano, *Vita prima*, VI, FF 344.

[12] Stefano Brufani, *L'abito fa il monaco*, in «San Francesco Patrono d'Italia», ottobre 2019.

[13] Tommaso da Celano, *Vita prima*, VII, FF 347.

«Questo voglio, questo chiedo, questo bramo di fare con tutto il cuore!».[14]

L'abito francescano: il definitivo cambio d'abito viene dunque a marcare un mutamento, altrettanto decisivo, nello stile di vita religiosa. Francesco abbandona la veste eremitica e indossa la tonaca. Le parole a cui facciamo riferimento sono ancora di Tommaso da Celano: «Si scioglie dai piedi i calzari, abbassa il suo bastone, si accontenta di una sola tunica, sostituisce la sua cintura con una corda».[15] Quella che prima era «ambizione smisurata» diviene smisurata bramosia di fede! Non possiamo non notare, come fatto in precedenza, che alcune delle prescrizioni riguardavano proprio l'abbigliamento, come se ciò che si indossa sia in stretto connubio con ciò che si professa e si vive: ecco che la tonaca, inizialmente una sola, fa in tutto e per tutto il frate.

«Secondo la tradizione agiografica francescana» prosegue Brufani nel suo articolo «quei brani evangelici divennero la norma di vita della prima fraternità minoritica.» Dove «minorità» sta a significare dunque una scelta consapevole, determinata e quasi «scientifica» di un livello sociale inferiore, una scelta di subordinazione nei confronti del prossimo, chiunque esso sia. Francesco abbraccia l'esortazione dell'apostolo Pietro: «Vivrete sottomessi a ogni umana autorità per amore del Signore» (*1 Pt* 2,13). Il precetto petrino viene accolto nella *Regola non bollata* ed esteso non solo alle autorità umane, ma a tutte le creature:

> I frati poi che vanno tra gli infedeli possono comportarsi spiritualmente in mezzo a loro in due modi. Un modo è che non facciano liti né dispute, ma siano soggetti a ogni creatura umana per amore di Dio e confessino di essere cristiani. L'altro modo è che, quando vedranno che piace al Signore, annunzino la parola di Dio perché essi credano in Dio onnipotente Padre e Figlio e Spirito Santo, creatore di tutte le cose, e nel Figlio redentore e salvatore, e siano battezzati, e

[14] *Idem*, IX, FF 356.
[15] *Ibid*.

si facciano cristiani, poiché, se uno non sarà rinato dall'acqua e dallo Spirito Santo, non può entrare nel regno di Dio.[16]

In maniera simile, nel *Saluto alle virtù* Francesco «canta» e saluta «santa Obbedienza» e professa:

> E allora egli è suddito e sottomesso a tutti gli uomini che sono nel mondo, e non soltanto ai soli uomini, ma anche a tutte le bestie e alle fiere, così che possano fare di lui quello che vogliono, per quanto sarà loro concesso dall'alto dal Signore.

Siamo alla base dell'essere piccoli nel pensiero francescano. Le fonti biografiche si intrecciano alle predicazioni del Santo di Assisi, che a loro volta traggono densa ispirazione dai passaggi del Nuovo Testamento. Quel filo che lega Francesco a Gesù viene tessuto dalle loro parole, dai loro insegnamenti e dal loro vissuto. Una maglia sempre più fitta che cresce di volume e finisce per avvolgere le due esperienze in una sola, luminosa testimonianza. Ecco che l'abito francescano, a forma di *tau*, ricalca in tutto e per tutto la croce. La veste viene descritta da Giacomo Oddi, frate autore della *Franceschina*, opera in volgare umbro quattrocentesco:

> Quale fo l'abito che pigliò santo Francesco, la Ligenda antica lo dechiara; inperò che dice, como santo Francesco fo amaestrato da Christo, che fosse conforme ad lictera, a lictera, alla croce. ... Et così represente la croce: et la sua viltà et desprezzo prediche ad omne humana gloria, et demostre lo frate Menore crocefixo et morto al mondo per amore del nostro Signore Yhesu Christo.[17]

Dalla vita di Francesco e dai vari passaggi che ne segnano le decisive evoluzioni «emerge con chiarezza l'importanza dell'abito come simbolo del mutamento di vita», tanto che «l'assunzione di un abito povero era la conseguenza di una scelta evangelico-pauperistica che esprimeva l'entrata nel-

[16] Francesco d'Assisi, *Regola non bollata*, XVI, FF 43.
[17] Giacomo Oddi, *La Franceschina*, vol. I, Assisi, Porziuncola, 1929, p. 183.

la fraternità».[18] Torniamo al già citato passaggio del *Testamento*: «E quelli che venivano per abbracciare questa vita, distribuivano ai poveri tutto quello che potevano avere, ed erano contenti di una sola tonaca, rappezzata dentro e fuori, del cingolo e delle brache».[19]

Una tonaca consumata

La tonaca francescana diventa segno di prossimità nei confronti degli ultimi, ma al tempo stesso elemento di rottura rispetto ai religiosi dell'epoca.

> La tonaca e il cingolo, con buone probabilità una tunica di balla e una corda, erano comuni tra i contadini e dunque assimilavano i Minori agli altri poveri del tempo; le brache, che fossero lunghe o corte, non erano comuni né ai monaci, né ai laici, ma erano un indumento necessario per non dare scandalo ai frati che erano sempre sulle vie del mondo».[20]

Riprendiamo la *Vita prima* celanese: avevamo lasciato Francesco «esultante di divino fervore».

> Si affretta allora il padre santo, tutto pieno di gioia, a realizzare il salutare ammonimento; non sopporta indugio alcuno a mettere in pratica fedelmente quanto ha sentito: si scioglie immediatamente dai piedi i calzari, abbandona il suo bastone, si accontenta di una sola tunica, sostituisce la sua cintura con una cordicella. Da quell'istante confeziona per sé una veste che riproduce l'immagine della croce, per tener lontane tutte le seduzioni del demonio; la fa ruvidissima, per crocifiggere la carne e tutti i suoi vizi e peccati, e talmente povera e grossolana che il mondo non avrebbe mai potuto desiderarla.[21]

Siamo di fronte alla definitiva evoluzione francescana: la veste non solo «riproduce l'immagine della croce», ma ne

[18] Stefano Brufani, *L'abito fa il monaco*, cit.
[19] Francesco d'Assisi, *Testamento*, 1226, FF 117.
[20] Stefano Brufani, *L'abito fa il monaco*, cit.
[21] Tommaso da Celano, *Vita prima*, IX, FF 356-357.

incarna anche la funzione del martirio: «la fa ruvidissima, per crocifiggere la carne». Questo ci conduce fino all'ultimo passaggio: la tonaca come veste ufficiale.

> La fraternità ben presto si era trasformata in Ordine religioso e la Sede apostolica richiese che i Minori adottassero un abito religioso per evitare ogni confusione.[22] Questa conformità di costumi agli usi degli altri ordini religiosi era uno degli adattamenti che la Sede apostolica chiese a Francesco e ai Minori per garantire l'istituzionalizzazione dell'Ordine e con esso la sua sopravvivenza per l'utilità della Chiesa.[23]

Che cosa tiene in vita un Ordine? Che cosa tiene in vita una persona? Che cosa dà linfa vitale all'abito che quell'Ordine o quell'individuo indossa, se non gli atti che con esso vengono compiuti? Comprensione, carità, ricerca del dialogo, capacità di ricucire con l'altro. La fraternità francescana questo ci insegna: l'uomo pacificato è capace di ricucire, nei sentimenti e nei rapporti. Essere in grado di generare vita attraverso l'empatia, riuscire a mettersi in sintonia con il prossimo, in ascolto del creato. Sono questi gli elementi che danno un senso a una tonaca e fanno di chiunque la indossi, uomo o donna, un soggetto degno di tale nome. La capacità di Francesco è stata quella di andare oltre l'apparenza, di vedere dentro e arrivare in fondo al cuore delle persone, cantando al Signore, come vuole il libro dei Salmi, «un canto nuovo». Lo ha fatto per strada, nelle piazze, nelle città e nelle campagne. Nei borghi d'Italia e per le vie del mondo.

La forza del «cantico» di frate Francesco è stata quella di scorgere e dare dignità a chiunque egli avesse davanti. Di vedere l'uomo per quello che è, al di là di ciò che fa: «E chiunque verrà da loro, amico o avversario, ladro o brigante, sia ricevuto con bontà».[24] Che sia ricco o povero, giova-

[22] La disposizione di cui parla Brufani fu impartita da Onorio III con la lettera *Cum secundum consilium*, del 1220.
[23] Stefano Brufani, *L'abito fa il monaco*, cit.
[24] Francesco d'Assisi, *Regola non bollata*, VII, FF 26.

ne o vecchio, retto o peccatore, ogni essere umano e, perché no, ogni essere vivente, è importante agli occhi di Dio, che sia un uomo di fede o un brigante, di animo docile o feroce.

«Fratello lupo»:[25] così Francesco chiama la belva che spaventava i contadini nei dintorni di Gubbio. In quell'occasione Francesco, scrive Felice Accrocca,

> mostra di non temere il lupo non perché si consideri più forte di lui e quindi in grado di tenerlo alla larga, ma perché giudica l'aggressività del lupo una risposta all'aggressività dell'uomo. Qualora l'uomo non facesse alcun male (agli animali e, possiamo supporre, alle piante e a ogni altra creatura) non sarebbe neppure aggredito e l'universo tornerebbe a quella suprema armonia che aveva contrassegnato la condizione adamitica.[26] Ed è così infatti che frate Francesco prosegue in sella al proprio asinello per le strade dove imperversavano i lupi famelici «senza imbattersi in sventura di sorta».[27]

Consumata indica anche il cammino di un uomo, di una donna, di ciascuno di noi. *Homo viator*, scriveva Gabriel Marcel. Stanchi, affaticati, a volte demotivati... Vite ingannate, vite sporche, vite consumate dalle calunnie e dal giudizio. Vite infamate e infangate. Vite oppresse, escluse. Ma l'approdo per ognuno di noi è il Signore. La tonaca consumata rappresenta il cammino che ciascuno di noi compie e vive. Le cadute e il rialzarsi. Nel Signore, ne siamo certi, non troveremo chiusa la porta. Starà lì ad attenderci con l'abito di ricambio, quello nuziale. E beati noi se in quel momento saremo all'ultimo posto, sarà lui a dirci: «Vieni, prendi parte alla mia mensa, alla mia festa». Ciascuno di noi è inconsutile, nessuno potrà consumare la dignità dei figli di Dio. Essa rimarrà sempre intatta nonostante tutto. La tonaca ci ricorda che la vita ci consumerà, ma la tunica ci ricorda che la dignità rimarrà intatta.

[25] *Passione di san Verecondo*, FF 2251.
[26] Felice Accrocca, *Attenti all'uomo (e non al lupo)*, www.sanfrancescopatronoditalia.it.
[27] *Passione di san Verecondo*, FF 2251.

Una tonaca rattoppata

Un altro aspetto può farci riflettere su come la tonaca possa essere intesa come «certificazione più tenera e intransigente» della capacità di san Francesco di dare la precedenza ai bisogni radicali. Una tunica «poverissima, fatta di toppe, modestia e convivialità», che esprime appieno lo sforzo francescano di tendere alla bontà, all'amore e alla felicità. È il sociologo Domenico De Masi che ci invita a questa riflessione. Nel farlo, ricorre alle idee illuminanti di una grande filosofa, recentemente scomparsa, Ágnes Heller. A suo avviso, spiega il professor De Masi in un intervento pubblicato sul sito della nostra rivista sanfrancescopatronoditalia.it,

> i bisogni umani sono di due tipi. Vi sono quelli «alienati», ovvero la sete di ricchezza, di potere e di beni materiali. Si tratta, dunque, di bisogni quantitativi, che tendono a beni che si prestano a essere misurati e paragonati per cui c'è sempre qualcuno che ne ha più di noi, destando in noi l'invidia che ci aliena. Ma vi è una seconda categoria di bisogni umani, che la Heller chiama «radicali» perché consustanziali alla radice squisitamente umana della nostra personalità. Si tratta dei bisogni d'introspezione, di amicizia, di amore, di gioco e di convivialità: tutti accomunati dalla loro essenza qualitativa, che non si presta a essere misurata né mercificata. Per tutta la vita Ágnes Heller ha lottato affinché i bisogni radicali trionfassero su quelli alienati e la bellezza potesse intrecciarsi con la bontà: «Lo sforzo di essere buoni, amando le cose belle, porta alla tensione verso la felicità».

«Credo» conclude De Masi «che non si possa dire con parole più semplici e vere ciò che san Francesco ha espresso anche con quella sua tunica poverissima, fatta di toppe, modestia e convivialità.»[28]

La grandezza umile di una tonaca rattoppata sta nel suo educarci al rispetto dell'altro, alla generosità verso l'altro, fino a dare un pezzo di sé, per andare incontro al prossimo.

[28] Domenico De Masi, *La tunica di san Francesco*, www.sanfrancescopatronoditalia.it.

Al tempo stesso, l'insegnamento a non sprecare ciò che si ha e a riutilizzare, ricomporre, ricucire. Ci vengono in mente i versi di Alda Merini, capaci di raccontare la concretezza di questi «stracci»:

Felice colui
che mi ha rivestito di un saio
che è diventato un pavimento di rose.
Non ho mai sentito
l'asperità di questo tessuto,
ma odorava di fresco,
odorava di mattino,
odorava di resurrezione.
Le mie spalle sono diventate deboli ma forti:
sono diventato un contadino di fede.
Aravo solo la terra di Dio, la sua volontà.[29]

La rivoluzionaria libertà di san Francesco nello spezzare lo status quo e ricomporre i pezzi di una vita vissuta senza fede. L'offerta di se stesso a Dio, sulle orme di Gesù. Così come la tunica di Cristo è il più alto simbolo d'amore, la tonaca di Francesco diventa emblema della fiducia nell'uomo, nella sua possibilità di cambiare, nella sua capacità di condividere, ricucire e rigenerare sulla Terra l'amore divino. Amore e fiducia, un vincolo potente, forse il più potente di tutti. Rappresentato da un abito che viene offerto a tutti noi: quella tonaca rattoppata, che solo all'apparenza è una veste logora, debole e precaria, ma che in realtà è il dono più vero e più forte di tutti.

Ciascuno di noi è chiamato a essere un riparatore. Riandando al primo mandato che Francesco riceve: «Va' e ripara...», ciascuno di noi è chiamato a ricucire. Questo percorso è il cuore della vocazione francescana, è il cuore di un nuovo umanesimo. A livello qualitativo, per dirlo con le parole della filosofa Ágnes Heller che abbiamo richiamato in questo testo, solo il riparare, il ricucire, il rattoppare, il riprendere, l'accudire sono i verbi esistenziali di uno

[29] Alda Merini, *Francesco. Canto di una creatura*, Milano, Frassinelli, 2007, p. 33.

stare insieme dal sapore francescano. Sovviene anche il livello quantitativo, per dirla sempre alla maniera di Heller: qui l'orizzonte è il riciclare, il non sprecare, il recuperare.

La tonaca in questo senso recupera la dimensione integrale, il livello esistenziale e il livello materiale. Suggestioni, certo, ma anche possibilità che questo «straccio» offre al cuore di ciascuno di noi.

Una tonaca grigio-marrone

L'uomo può essere inteso come male e al contempo come cura del pianeta. La tonaca di Francesco, il suo tessuto naturale di colore marrone e grigio raccontano l'immagine della Terra e delle sue creature. È per esempio riferendosi alle allodole che il Santo d'Assisi descrive l'indole francescana e suggerisce il colore dell'abito:

> La sorella allodola ha il cappuccio come i religiosi. Ed è un umile uccello che va volentieri per le vie a cercarsi qualche chicco. Se anche lo trova nel letame, lo tira fuori e lo mangia. E volando loda il Signore, proprio come i buoni religiosi che, guardando dall'alto le cose terrene, vivono sempre rivolti al cielo. La veste dell'allodola, il suo piumaggio cioè, è color terra. Così essa dà l'esempio ai religiosi che non debbano avere abiti eleganti e fini, ma di tinta smorta, come la terra.[30]

Terra non solo da intendersi come terreno bruno su cui poggiamo i piedi, ma Terra, con la «t» maiuscola, l'*humus*, l'habitat fertile, in grado di generare vita: «Sora nostra madre Terra, la quale ne sustenta e governa, e produce diversi frutti con coloriti flori et herba».[31] È questa la *Lode* più celebre di frate Francesco, di cui il Francesco di oggi – papa Bergoglio – ha saputo meglio di ogni altro cogliere la potente attualità. Alcuni passaggi dell'enciclica *Laudato si'* meritano di essere riportati:

[30] *Compilazione di Assisi*, FF 1560.
[31] Francesco d'Assisi, *Cantico di frate Sole*, FF 263, 20.

> La sua testimonianza ci mostra anche che l'ecologia integrale richiede apertura verso categorie che trascendono il linguaggio delle scienze esatte o della biologia e ci collegano con l'essenza dell'umano. Così come succede quando ci innamoriamo di una persona, ogni volta che Francesco guardava il sole, la luna, gli animali più piccoli, la sua reazione era cantare, coinvolgendo nella sua lode tutte le altre creature. Egli entrava in comunicazione con tutto il creato ... Per questo si sentiva chiamato a prendersi cura di tutto ciò che esiste.[32]

Questo perché Francesco vive nella consapevolezza che nel creato c'è la firma di Dio.

Per Francesco tutte le cose erano accomunate da una medesima origine celeste e «chiamava le creature, per quanto piccole, con il nome di fratello o sorella».[33] Tale convinzione, se correttamente interiorizzata, ha la forza dirompente di influenzare le scelte che determinano il nostro agire contemporaneo: «Se noi ci accostiamo alla natura e all'ambiente» prosegue papa Francesco nella sua *Laudato si'*

> senza questa apertura allo stupore e alla meraviglia, se non parliamo più il linguaggio della fraternità e della bellezza nella nostra relazione con il mondo, i nostri atteggiamenti saranno quelli del dominatore, del consumatore o del mero sfruttatore delle risorse naturali, incapace di porre un limite ai suoi interessi immediati. Viceversa, se noi ci sentiamo intimamente uniti a tutto ciò che esiste, la sobrietà e la cura scaturiranno in maniera spontanea. La povertà e l'austerità di san Francesco non erano un ascetismo solamente esteriore, ma qualcosa di più radicale: una rinuncia a fare della realtà un mero oggetto di uso e di dominio.[34]

Poco resta da aggiungere alle parole del papa, il quale conclude il suo «omaggio» a Francesco con un'esortazione che ci coinvolge tutti e che ci stimola: «Il mondo è qualco-

[32] Papa Francesco, enciclica *Laudato si'*, 24.05.2015, www.vatican.va.
[33] San Bonaventura, *Legenda maior*, VIII, FF 1145.
[34] Papa Francesco, enciclica *Laudato si'*, cit.

sa di più che un problema da risolvere, è un mistero gaudioso che contempliamo nella letizia e nella lode».

Non resta che rimboccarci le maniche, mettere una pezza sugli strappi della nostra esistenza, dove il nostro agire entra in conflitto con il prossimo e con tutte le creature che ci circondano. Ma con una consapevolezza:

> Io non sono che una creatura d'argilla, un essere impastato con acqua, un insieme di ignominia e una fonte di impurità, una fornace di iniquità e un edificio di peccato, uno spirito erroneo e perverso, privo di intelligenza... Io so che non è dell'uomo la giustizia, non è del figlio di Adamo la perfezione della vita.

Sono alcuni passi contenuti nei manoscritti di Qumran, scoperti nel 1947 nelle grotte della costa nordoccidentale del Mar Morto. In questi testi è espressa la spiritualità del peccato, del limite, che non dovremmo accantonare con superficialità, ma che invece ci aiuta a esorcizzare le forme di orgoglio e di prepotenza, le illusioni di tirannia, che feriscono e strappano la fraternità.

Francesco è consapevole di questa verità, ma è altrettanto consapevole che nel Vangelo c'è un Dio che crea un cuore puro e ridà la gioia della salvezza (*Sal* 51). È la coscienza del limite che la tonaca ci aiuta a vivere, per essere umiltà.

Prendere coscienza di quello che siamo non ci rende peggiori, semmai migliori. È eloquente l'esame di coscienza proposto in un testo di Bruce Marshall, che vi invito a leggere:

> Man mano che cresce la luce, ci vediamo peggiori di quel che prima non credessimo. Restiamo stupiti della nostra passata cecità nel veder uscire dal nostro cuore tutto uno sciame di sentimenti ignobili, come rettili immondi che escano strisciando da un antro nascosto. Ma non dobbiamo né stupirci né turbarci. Non siamo peggiori di quel che eravamo, al contrario, siamo migliori.[35]

[35] Bruce Marshall, *A ogni uomo un soldo*, Milano, Jaca Book, 1995, p. 17.

Una tonaca concessa, donata, una tonaca consumata, rattoppata, una tonaca grigio-marrone, del colore della terra. Una tonaca che, come abbiamo visto, ci indica la lacerazione e il limite che ognuno porta con sé, inesorabile. Gli strappi, però, sono ricuciti. La mano è quella di santa Chiara, con toppe che sarebbero in parte provenienti dal suo mantello: la devozione, la stima, l'affetto spirituale di un'anima verso l'altra. Solo l'amore può ricucire, permette di racconciare e ricominciare. Un amore che monsignor Felice Accrocca definisce «libero e intenso». Un amore che, nelle pagine che seguono, andiamo a scoprire. Ma che qui pone e dice una verità: siamo nati e chiamati a generare vita. È forse questa la verità del colore della tonaca. Chi genera vita dal terreno della propria esistenza, attraverso sguardi pensieri e gesti, non fa altro che ricondurre questo colore nel colore rosso della tunica e del cuore stesso di Dio.

IX
Le donne con Gesù e Francesco

> Stavano presso la croce di Gesù sua madre, la sorella di sua madre, Maria madre di Cleopa e Maria di Magdala. Gesù allora, vedendo la madre e accanto a lei il discepolo che egli amava, disse alla madre: «Donna, ecco tuo figlio!». Poi disse al discepolo: «Ecco tua madre!». E da quell'ora il discepolo l'accolse con sé.
>
> GIOVANNI 19,25-27

Le donne hanno avuto un ruolo tutt'altro che marginale nelle esperienze e nell'insegnamento dei protagonisti di questo libro. Due su tutte: la Vergine Maria e santa Chiara d'Assisi. Amore è ciò che lega Gesù a sua madre. Così come amore, in una delle sue declinazioni, è quel sentimento che unisce le vite di Francesco e Chiara.

I Vangeli si soffermano in maniera più o meno approfondita sulla presenza di alcune donne nei pressi della croce, nel momento dell'agonia e della morte di Gesù. Luca si limita a testimoniare come «tutti i suoi conoscenti, e le donne che lo avevano seguito fin dalla Galilea, stavano da lontano a guardare tutto questo» (*Lc* 23,49). Matteo e Marco in maniera quasi identica elencano alcune presenze femminili «che osservavano da lontano» (*Mt* 27,55-56 e *Mc* 15,40-41). E poi il passaggio citato in esergo di capitolo dal Vangelo di Giovanni, il quale, come già in altri casi, è l'evangelista che più di ogni altro approfondisce alcune spigolature dell'esperienza del Cristo, con quell'esclamazione di

Gesù a Maria: «Donna, ecco tuo figlio!». E a Giovanni stesso: «Ecco tua madre!».

Un'esortazione che ha in sé il riconoscimento del Figlio nella Madre e della Madre nel Figlio e che è rivolta proprio a quella «donna» che secondo la tradizione sarebbe anche artefice della veste inconsutile. «Il Marangoni» – riprendiamo ancora una volta il *Dizionario di erudizione storico-ecclesiastica* di Moroni – «osserva che tutte le sue immagini [di Gesù] appariscono vestite al di sotto colla veste inconsutile fino a' piedi, la quale era non cucita, ma tessuta e lavorata ad ago, e formata dalla B. Vergine colle sue mani, come scrisse san Eutimio».[1]

Per trovare traccia di tale fatto, ovvero che sia stata la Madonna a realizzare con le sue mani la prima veste, la tunica inconsutile di Gesù, occorre, come suggerisce monsignor Gianfranco Ravasi, inoltrarsi «nel mondo della pietà popolare dei primi secoli, rappresentato soprattutto dai cosiddetti Vangeli apocrifi, espressione di fede e di folclore, di storia e di fantasia».[2] Riportiamo di seguito un passaggio dal *Protovangelo* di Giacomo, nel quale viene descritta l'annunciazione a Maria.

Il testo propone in due tempi l'avvenimento centrale dell'incarnazione del Figlio di Dio. La narrazione infatti si svolge «in due tappe: la prima alla fontana del villaggio, che ancor oggi è indicata a Nazaret e la cui sorgente è all'interno dell'attuale chiesa ortodossa di San Gabriele; la seconda all'interno della sua abitazione».[3]

Questo quanto riportato nel Vangelo apocrifo, risalente al II secolo:

> Presa la brocca, Maria uscì ad attingere acqua. Ecco all'improvviso una voce: «Gioisci, piena di grazia, il Signore è con te, benedetta fra le donne!». Maria guardava intorno, a de-

[1] Gaetano Moroni, *Dizionario di erudizione storico-ecclesiastica da san Pietro sino ai nostri giorni*, vol. 77, 1856.
[2] Gianfranco Ravasi, *Maria incinta di Gesù*, «L'Osservatore Romano», 25.12.2008.
[3] *Idem*.

stra e a sinistra, per scoprire donde veniva la voce. Tutta tremante, tornò a casa, posò la brocca, prese la porpora, si sedette su uno sgabello e si mise a filare.

Ecco il dettaglio di non poco conto: Maria fila quella che, secondo le tradizioni fatte di fede, folclore e fantasia a cui si accennava sopra, sarebbe poi diventata, e rimasta dal primo all'ultimo giorno, la tunica di Gesù.

Riportiamo anche la seconda parte dell'Annunciazione:

> Ma ecco un angelo del Signore davanti a lei: «Non temere, Maria, perché hai trovato grazia davanti al Signore di tutte le cose. Tu concepirai per la sua parola!». Udendo ciò, Maria restò perplessa, pensando: Dovrò io concepire per opera del Signore Dio vivente e poi partorire come ogni altra donna? Ma l'angelo del Signore le disse: «Non così, Maria! Ti coprirà, infatti, con la sua ombra la potenza del Signore. Perciò l'essere santo che nascerà da te sarà chiamato Figlio dell'Altissimo».[4]

A ben vedere, tornando al già citato *Dizionario* del Moroni, si tratta di una «antica e comune tradizione, che questa tonica fu tessuta a Cristo per mano della stessa Vergine sua Madre».[5] L'autore riporta quanto asserito da Battista Mantovano, poeta e religioso vissuto tra il XV e XVI secolo, e cioè che nei tempi andati, stando alle Sacre Scritture e ai testi antichi, era uso che le donne ricamassero gli indumenti dei propri uomini, figli, fratelli o compagni che fossero:

> Ne' prischi tempi spettava alle donne l'arte di far vesti, come Anna madre di Samuele, la quale a lui tessé di propria mano una tonica, Alessandro I il Grande si servì d'una veste lavorata dalla madre e dalle sorelle, così Augusto usò vesti formate dalla moglie e dalle figlie: Omero e Virgilio riprodussero altri esempi, e san Giovanni Boccadoro si lagnò che la troppa delicatezza invalsa nelle donne, a' suoi tempi trasferì negli uomini l'arte di tessere vesti e di far la tela.[6]

[4] *Protovangelo* di Giacomo, X.
[5] Gaetano Moroni, *Dizionario di erudizione storico-ecclesiastica...*, cit.
[6] *Idem.*

Ma lasciamo le tradizioni e torniamo alla Parola, riprendiamo in mano il Vangelo. Papa Benedetto XVI ha fornito una lettura profonda – come spesso accade con il pensiero di Ratzinger – del passo evangelico di Giovanni, definito l'«ultima disposizione di Gesù».[7] Una riflessione che apre vasti scenari di contemplazione e funge da stimolo e spunto per le nostre esistenze, ricche o povere che siano. «Un atto molto umano»: così, in un'intervista del 2011 andata in onda nel programma di Rai Uno «A sua immagine», Benedetto XVI definisce le parole di Cristo.

«Vediamo Gesù» prosegue Ratzinger

> come vero uomo che fa un atto da uomo, un atto di amore per la madre e affida la madre al giovane Giovanni perché sia sicura. Una donna sola, in Oriente, in quel tempo, era in una situazione impossibile. Affida la mamma a questo giovane e al giovane dà la mamma, quindi Gesù realmente agisce da uomo con un sentimento profondamente umano. Questo mi sembra molto bello, molto importante, che prima di ogni teologia vediamo in questo la vera umanità, il vero umanesimo di Gesù.[8]

In quelle quattro parole – «Donna, ecco tuo figlio!» – ritroviamo tutta l'umanità del Salvatore.

Per Benedetto XVI questa esortazione è un atto che ha diverse dimensioni e che porta con sé anche un secondo piano di lettura:

> In Giovanni Gesù affida tutti noi, tutta la Chiesa, tutti i discepoli futuri, alla madre e la madre a noi. E questo si è realizzato nel corso della storia: sempre più l'umanità e i cristiani hanno capito che la madre di Gesù è la loro madre.[9]

Dalla madre alla «sorella». Dalla Beata Vergine Maria a Chiara d'Assisi: grazie alle *Fonti*, sappiamo che Francesco

[7] Benedetto XVI, *Gesù di Nazaret*, Città del Vaticano, Libreria Editrice Vaticana, 2011.
[8] Intervista a Benedetto XVI, «A sua immagine», Rai Uno, 22.04.2011, www.vatican.va.
[9] *Idem*.

si recava spesso a San Damiano, nella comunità dove viveva Chiara, alla quale dava «santi insegnamenti».[10] Ma prima di approfondire i caratteri della loro eccezionale relazione, occorre fare una premessa circa le indicazioni di san Francesco, secondo il quale i frati dovevano evitare «gli sguardi cattivi e la frequentazione delle donne».[11]

Molto è già stato scritto riguardo al rapporto di Francesco con l'altro sesso. Una sintesi ci è data da Felice Accrocca:

> Quale atteggiamento Francesco assunse? Fu davvero il fondatore del secondo Ordine, come da sempre si può dire che s'afferma a viva voce? O fu invece sospettoso e distante verso ogni forma di vita religiosa femminile, come s'è spesso ripetuto, soprattutto negli ultimi anni? La fondazione del Secondo Ordine [quello delle clarisse], in realtà, si deve in gran parte al cardinale Ugo di Ostia/Gregorio IX e ai suoi successori; ma neppure l'immagine di un Francesco misogino appare veritiera. Certo egli fu uomo del suo tempo e condivise la preoccupazione già viva nell'ambiente ecclesiastico che i contatti con il mondo femminile, inevitabili per i frati, non degenerassero.[12]

Un atteggiamento che potremmo definire rispettoso ma al tempo stesso rigido e guardingo. Tanto che Francesco, in un episodio che ci è narrato nei *Fioretti*, chiede il parere dei suoi compagni prima di accettare Chiara alla loro mensa. «Da poi che pare a voi, pare anche a me»: così l'apertura del Santo, che accoglie Chiara su suggerimento degli altri frati.

Proprio in occasione di quel «benedetto desinare» a Santa Maria degli Angeli avviene un meraviglioso fatto di avvicinamento a Dio:

> E per la prima vivanda santo Francesco cominciò a parlare di Dio sì soavemente, sì altamente, sì maravigliosamente, che discendendo sopra di loro l'abbondanza della divi-

[10] Francesco d'Assisi, *Fioretti*, XV, FF 1844.
[11] Francesco d'Assisi, *Regola non bollata*, XII, FF 38.
[12] Felice Accrocca, *Francesco e le donne. O, meglio, Francesco e la donna*, www.sanfrancescopatronoditalia.it.

na grazia, tutti furono in Dio ratti. E stando così ratti con gli occhi e con le mani levate in cielo, gli uomini da Sciesi [Assisi] e da Bettona e que' della contrada dintorno, vedeano che Santa Maria degli Agnoli e tutto il luogo e la selva, ch'era allora allato al luogo, ardeano fortemente, e parea che fosse un fuoco grande che occupava la chiesa e 'l luogo e la selva insieme.

Gli abitanti del posto, aggiunge la *Fonte*, accorsero per spegnere il fuoco:

> Ma giungendo al luogo e non trovando ardere nulla, entrarono dentro e trovarono santo Francesco con santa Chiara con tutta la loro compagnia ratti in Dio per contemplazione e sedere intorno a quella mensa umile. Di che essi certamente compresono che quello era stato fuoco divino e non materiale, il quale Iddio avea fatto apparire miracolosamente, a dimostrare e significare il fuoco del divino amore, del quale ardeano le anime di questi santi frati e sante monache; onde si partirono con grande consolazione nel cuore loro e con santa edificazione. Poi, dopo grande spazio, tornando in sé santo Francesco e santa Chiara insieme con li altri, e sentendosi bene confortati del cibo spirituale, poco si curarono del cibo corporale. E così compiuto quel benedetto desinare, santa Chiara bene accompagnata si ritornò a Santo Damiano.[13]

Le vite dei due santi di Assisi sono intrecciate. È pur vero però che dalle biografie di Francesco non siamo in grado di ricavare il valore effettivo dell'unione che intercorreva tra i due, né l'importanza di Chiara e della sua evoluzione spirituale. Un assaggio ne dà Bonaventura, nella sua *Legenda maior*, accennando ai tanti che accorrevano per farsi frati e per unirsi a Francesco, ispirati dalla sua predicazione:

> C'erano anche delle vergini che si consacravano a perpetuo celibato: tra esse Chiara, vergine carissima a Dio, che fu la prima pianticella ed esalò il suo profumo come candido

[13] Francesco d'Assisi, *Fioretti*, XV, FF 1844.

fiore di primavera e risplendette come stella fulgentissima. Ella, ora gloriosa nei cieli, viene giustamente venerata sulla terra dalla Chiesa: ella che fu, in Cristo, la figlia del padre san Francesco, poverello, e la madre delle povere signore.[14]

La storica ed esperta di francescanesimo Chiara Frugoni sottolinea come

> dopo questo cammeo, Chiara sparisce: da Bonaventura non sappiamo nulla della sua vita e di quella delle compagne, troppo tenace Chiara nel ricordare le parole e gli intendimenti di Francesco, schiettamente fedele a quel messaggio che l'evoluzione dell'Ordine dei frati tendeva ad ammorbidire, a interpretare, se non proprio ad accantonare.[15]

Tenace e fedele fu anche il rapporto tra Francesco, Chiara e tutta la comunità di San Damiano. È vero che Francesco non nomina mai Chiara negli scritti che di lui ci sono rimasti, ciononostante il loro rapporto fu «effettivo e intenso». A dimostrazione di ciò, come fa notare Felice Accrocca, ci sarebbero alcuni fatti testimoniati dalle fonti, come il testo dell'*Audite poverelle*, «indirizzato alla comunità di San Damiano e composto da Francesco negli stessi giorni in cui, soggiornando malato presso quella comunità, egli compose il *Cantico di frate Sole*».[16]

A questo riguardo, apriamo una parentesi: c'è una suggestione, simpatica e al tempo stesso profonda, che ci è regalata da Dacia Maraini. La scrittrice prende spunto da un dipinto che ritrae san Francesco seduto su un sasso nell'orticello di San Damiano. Il Santo, a occhi chiusi, sembra perso nei suoi pensieri. Secondo la leggenda, la notte precedente è stata caratterizzata da grandi sofferenze fisiche, vissute in una cella curiosamente invasa dai topi.

Ecco che la fantasia della scrittrice prende forma:

[14] San Bonaventura, *Legenda maior*, IV-6, FF 1074.
[15] Chiara Frugoni, *Storia di Chiara e Francesco*, Torino, Einaudi, 2011, pp. 75-76.
[16] Felice Accrocca, *Francesco e le donne*, cit.

Solo un topo è rimasto nella cella e ora si siede accanto al letto del malato con fare delicato, come un vecchio saggio. Solleva in alto il capino dai lunghi baffi che gli tremano leggermente sul muso umido e guarda il santo con attenzione. Proprio come l'aveva guardato il lupo. Con amicizia e gratitudine. Non c'è bisogno di parole. Quegli occhi piccoli e dilatati, lucidi di gioia di vivere, gli dicono che la natura è bella, che il sole è un fratello, come sorelle sono la luna e le stelle, che l'acqua e il fuoco sono amici dell'uomo, ma anche dei topi. Poi, dopo avergli indirizzato un lieve e garbato inchino, il topo si ritira anche lui al di là del muro. In terra non è rimasto niente, neanche un briciolo di cibo. Perfino lo straccio in cui era avvolto il formaggio è sparito. Nell'aria rimane solo un leggero odore di selvatico.

E il racconto della Maraini prosegue:

Francesco sorride e sente che i dolori, misteriosamente sono andati via dal suo corpo febbricitante. Perciò si alza dal letto ed esce nel giardinetto di San Damiano, dove, seduto su una pietra al sole tiepido della nuova primavera, si accinge a scrivere quelle parole chiare e gentili, belle e fresche che ancora oggi ci comunicano un senso di fratellanza con la natura.[17]

È così che l'estro di una scrittrice immagina l'occasione nella quale san Francesco buttò giù i versi di una delle più belle poesie della nostra letteratura, strettamente legata ai luoghi e allo spirito di San Damiano.

Chiusa la parentesi, torniamo al rapporto che lega Francesco e le clarisse. Per riprendere ancora le parole di Felice Accrocca, nel suo già citato articolo *Francesco e le donne* vediamo come non si possa «dubitare dell'autenticità della "forma di vita" che il Santo scrisse per le sorelle di San Damiano e Chiara trascrisse nel capitolo VI della sua *Regola*».[18]

Riportiamo il passaggio dalla *Regola* di santa Chiara, il

[17] Dacia Maraini, *San Francesco, i topi e la nascita del* Cantico, www.sanfrancescopatronoditalia.it.
[18] Felice Accrocca, *Francesco e le donne*, cit.

documento che contiene le indicazioni che sono chiamate a essere vissute dalle clarisse, approvato da papa Innocenzo IV nel 1253:

> Il beato padre, poi, considerando che non avremmo temuto nessuna povertà, fatica, tribolazione, umiliazione e disprezzo del mondo, ché anzi li avremmo ritenuti grandi delizie, mosso da pietà, scrisse per noi una forma di vita in questo modo: «Poiché per divina ispirazione vi siete fatte figlie e ancelle dell'altissimo sommo Re, il Padre celeste, e vi siete sposate allo Spirito Santo, scegliendo di vivere secondo la perfezione del santo Vangelo, voglio e prometto di avere sempre di voi come di loro, per mezzo mio e dei miei frati, cura diligente e sollecitudine speciale».[19]

Del rapporto speciale che intercorse tra Francesco e la comunità di San Damiano e, in particolare, tra Francesco e Chiara, è rimasta una traccia indelebile, grazie alla quale – dopo questa ampia ma, si spera, non superflua premessa – possiamo approdare all'oggetto principale del nostro scrivere: la tonaca del Santo, custodita nel Sacro Convento di Assisi.

Abbiamo già accennato a come l'idea di questo libro sia maturata quasi per caso, frutto di una normale riunione di redazione per la preparazione del numero di ottobre 2019 della rivista «San Francesco Patrono d'Italia»: la decisione casuale di dedicare la pubblicazione alla tonaca del Santo e la conseguente «riscoperta» di uno studio rimasto da anni parcheggiato tra gli scaffali della biblioteca e gli annali della rivista, la ricerca di Mechthild Flury-Lemberg, che alcuni davano per scontata, altri avevano dimenticato e di cui altri ancora addirittura non conoscevano l'esistenza.

Lo studio in questione illustra l'esistenza di un legame tra la veste di Chiara e quella di Francesco. Riportiamo di seguito alcuni passaggi dell'articolo originale firmato dalla studiosa tedesca, pubblicato nella rivista «San Francesco Patrono d'Italia» nel febbraio 1989:

[19] Chiara d'Assisi, *Regola di santa Chiara*, VI, FF 2788.

> Circostanze fortunate hanno portato a una scoperta che mostra come questa tonaca di Francesco rappresenti un altro documento importante per la storia dell'Ordine. Osservando il mantello di Chiara, potei subito stabilire un rapporto con la tonaca di Francesco: le molte pezze marroni poste con cura sulla tonaca di Francesco provengono tutte dal mantello di Chiara![20]

Quel punto esclamativo posto dalla studiosa è utile solo in parte a chiarire la portata della scoperta, così come non basta a riprodurre in un testo l'emozione di chi scrive al momento della «ri-scoperta»! Flury-Lemberg descrive così il mantello di Chiara: un pezzo di tessuto largo circa 55 centimetri e lungo 356, che viene ripreso con una cucitura di circa 20 centimetri sul margine del collo per formare una mantellina. La mantella, prosegue la studiosa,

> è aperta davanti e adesso anche dietro, e i pezzi di stoffa usati per la tonaca di Francesco mancano al mantello all'altezza del punto dove una volta c'era la cucitura mediana. Il fatto che le pezze del mantello di Chiara siano sulla tonaca di Francesco, attaccate con cura particolare, non lascia alcun dubbio che l'operazione sia stata compiuta da una sola persona.[21]

«Se consideriamo santa Chiara autrice del lavoro» riflette la studiosa,

> si pone il quesito di quando sia stato eseguito. Chiara è sopravvissuta a Francesco per molti anni. È possibile che lei abbia rappezzato la tonaca del suo Fratello di Fede quando questi era ancora in vita, ma è anche possibile che lei abbia «abbellito» col suo mantello quella veste così povera come ultimo atto d'amore, dopo la morte del Santo, quando la tonaca era già diventata una reliquia. Lo stato ben conservato delle cuciture testimonia a favore di questa seconda versione.

[20] Mechthild Flury-Lemberg, *Sulla tonaca di Francesco le pezze di Chiara*, «San Francesco Patrono d'Italia», 2, 1989.
[21] *Idem*.

«Non ci può essere comunque alcun dubbio» conclude Flury-Lemberg,

> sul fatto che sia stata santa Chiara a cucire le pezze sulla tonaca, perché non è immaginabile che le sue sorelle potessero danneggiare il mantello della fondatrice del loro ordine dopo la morte della Santa, visto che anche questo mantello era diventato una reliquia di notevole importanza.[22]

La dedizione di Chiara a quella veste in particolare ci conduce a una considerazione ulteriore:

> Per la tonaca di Francesco, la scoperta delle pezze tratte dal mantello di Chiara significa una conferma dell'autenticità di questa tonaca, ultima fra le tante attribuite a san Francesco. Santa Chiara sapeva senz'altro quale era l'ultima tonaca portata dal Santo quando l'ha rappezzata in un impeto di commovente attaccamento.[23]

La descrizione ci lascia sbigottiti. Grazie alle parole di Flury-Lemberg possiamo immaginare Chiara e il suo attaccamento a Francesco. Rattoppare il saio di suo «padre», come lei stessa lo definisce nel suo *Testamento*, con brandelli del proprio abito. Nel capitolo precedente abbiamo accennato all'importanza del saper ricucire, del saper immedesimarsi nell'altro. Mai nessun gesto ed oggetto potrà essere più calzante. Un legame che resta intatto anche dopo il transito del Santo e che attraverso la sua ultima veste diviene unione nei secoli a venire. Chiara ricuce gli strappi della veste di Francesco. La Santa dona parte del proprio mantello a sancire l'unità delle due anime e al tempo stesso la forza dirompente del messaggio francescano. Un messaggio forgiato sulle esperienze dei due pilastri, Chiara e Francesco, e avvolto in una tonaca che ne diventerà simbolo e incarnazione primaria.

> E tutti i frati indossino vesti di poco prezzo e possano rappezzarle di sacco e di altre pezze con la benedizione di Dio, poiché dice il Signore nel Vangelo: «Quelli che indos-

[22] *Idem*.
[23] *Idem*.

sano abiti preziosi e vivono tra le delizie e quelli che portano morbide vesti stanno nei palazzi dei re».[24]

La *Regola non bollata* prende vita grazie all'amore di Chiara, «vergine carissima a Dio».[25]

È anche grazie alla Santa, sorella devota, che possiamo affermare che non esiste al mondo un documento, testo o altro elemento in grado di rappresentare la volontà, lo spirito e il messaggio di frate Francesco meglio della sua stessa tonaca.

Sia Maria, sia Chiara, ci dicono direttamente e indirettamente quanto sia importante nella vita l'attenzione per l'altro. Il prenderci cura dell'altro. Sovviene l'amara riflessione di un'altra grande donna, santa Teresa di Calcutta:

> Oggi non abbiamo più neppure il tempo per guardarci, per parlarci, per darci reciprocamente gioia, e ancor meno per essere ciò che i nostri figli si aspettano da noi, che un marito si aspetta dalla moglie e viceversa. E così siamo sempre meno in contatto gli uni con gli altri. Il mondo va in rovina per mancanza di dolcezza e gentilezza. La gente è affamata d'amore, perché siamo tutti troppo indaffarati.

Parole che non hanno bisogno di commento, sono semplici e necessarie come il pane e l'acqua, ripetono verità evidenti eppure disattese, sono delicate eppure artigliano la coscienza, impedendo – annota il cardinal Ravasi nel suo *Mattutino* – l'indifferenza. Guardarsi negli occhi, dirsi una frase dolce, ascoltarsi, stringersi la mano, essere gentili, tutti gesti che rappresentano quella teologia che abbiamo già richiamato nell'*Introduzione* e che l'essenzialità della tunica e della tonaca ci invita a vivere.

Un aforisma di Anthony de Mello afferma:

> I discepoli di un grande maestro vollero sapere quale fosse il suo ideale di discepolo. Il maestro rispose: «Colui che avendo solo due vesti ne vende una e con il ricavato compra un fiore da donare».

[24] Francesco d'Assisi, *Regola non bollata*, II-14, FF 8.
[25] San Bonaventura, *Legenda maior*, IV-6, FF 1074.

X
Vivere l'abito che si indossa

> «Se vuoi che porti sotto la tonaca questa pelliccia, fammene porre un'altra della stessa misura all'esterno. Cucita al di fuori sarà indizio della pelle nascosta sotto.» Il frate ascoltò, ma non era del parere; insistette, ma non ottenne di più. Alla fine il guardiano si arrese e fece cucire una pelliccia sull'altra, perché Francesco non apparisse di fuori diverso da quello che era dentro. O esempio di coerenza, identico nella vita e nelle parole!
>
> TOMMASO DA CELANO, *Vita seconda*, XCIII, FF 714

Un viaggio affascinante, quello che ho percorso in questi mesi di letture e meditazioni, di ricerche e preghiere. Dai voluminosi tomi dei secoli andati fino ai più attuali siti internet, la ricerca del significato, della storia e della simbologia che ruota intorno ai due termini – «tunica» e «tonaca» – mi ha appassionato e, per certi versi, «sconvolto». Da figlio di Francesco, da francescano, è stato un percorso grazie al quale ho potuto soffermarmi, ancora una volta e ancora di più, sul senso che una scelta di vita come quella religiosa possa e debba avere, oggi come allora.

Quell'esempio di coerenza «identico nella vita e nelle parole», tanto potente, per certi versi ingombrante, ma costantemente ispiratore. Quel Francesco che Tommaso da Celano celebra così, nel passaggio *Contro la vanagloria e l'ipocrisia* della *Vita seconda*:

> Lo stesso dentro e fuori, da suddito e da superiore! Tu non desideravi alcuna gloria né esterna né privata, per-

ché ti gloriavi solamente del Signore. Ma, per carità, non vorrei offendere chi usa pellicce, se oso dire che una pelle prende il posto dell'altra. Sappiamo infatti che sentirono bisogno di tuniche di pelle, perché si trovarono spogli dell'innocenza.[1]

Finalmente, la chiusura del cerchio.

In occasione dell'uscita del numero della rivista «San Francesco Patrono d'Italia» che ha rilanciato la «scoperta» di Mechthild Flury-Lemberg, monsignor Orazio Francesco Piazza ha definito così il nostro richiamo alla tunica e alla tonaca: «Una bella intuizione questa comparazione nell'affinità elettiva che lega Francesco e il Signore Gesù, nostra unica speranza».[2] Ciò che più ci ha spinto in questo lavoro di approfondimento – che di certo non ambisce a dare risposte definitive sul piano storico-scientifico – è stato l'attualità pungente di una questione in particolare: la scelta di una strada, di un percorso da seguire e, perché no, di un abito da indossare. E di come questa scelta, di fronte alla quale veniamo messi tutti noi, più o meno consapevolmente, abbia tanto un valore simbolico quanto delle conseguenze sostanziali sulle vite dei singoli individui e della collettività tutta.

Gesù sacrifica se stesso, si affida al Padre e consegna il suo spirito nelle mani del Signore. Francesco d'Assisi segue le orme del Figlio di Dio, ne riceve le stimmate. Cristo, martoriato e crocifisso, usa la sua «arma» più forte: «Padre, perdona loro perché non sanno quello che fanno» (*Lc* 23,34). La forza del perdono, mentre le vesti venivano tirate a sorte. San Francesco rende grazie al Creatore proprio per averci donato perdono, grazia e gloria:

> Nient'altro dunque dobbiamo desiderare, nient'altro volere, nient'altro ci piaccia e diletti, se non il Creatore e Redentore e Salvatore nostro ... dal quale e per il quale e nel

[1] Tommaso da Celano, *Vita seconda*, XCIII, FF 714.

[2] Orazio Francesco Piazza, *Abitare l'abito che si indossa*, «San Francesco Patrono d'Italia», 10, 2019.

quale è ogni perdono, ogni grazia, ogni gloria di tutti i penitenti e i giusti, di tutti i beati che godono insieme nei cieli.[3]

Gesù e Francesco si sono manifestati a noi nella maniera più schietta, diretta e potente possibile. Hanno dedicato ciò che restava delle loro esistenze a uno scopo: la salvezza dell'umanità. Nel farlo, hanno indossato le vesti che meglio esprimevano l'essenza più profonda della loro testimonianza e che, una volta che questa si è conclusa, ne sono diventate simbolo.

In principio fu il saio di Francesco è il brillante titolo di un articolo altrettanto acuto della giornalista Franca Giansoldati:

> L'economia circolare, almeno nel suo embrione, non è affatto estranea a quel periodo [il Duecento e dintorni]. Anzi. Si è recentemente scoperto che persino il saio di san Francesco era fatto di pezzi di tela diversa, riciclata, legata assieme in forma di croce. Possiamo dunque dire che nell'alto Medioevo si era fatta strada una specie di economia circolare *ante litteram*.[4]

Un abito può diventare emblema di un cambiamento nell'anima, nel pensiero e nelle coscienze collettive e, di conseguenza, nell'ambiente che ci circonda. Così, un abito può esprimere un concetto come quello di sostenibilità, spiega Giansoldati in un altro passaggio dello stesso articolo:

> una parola che rimanda al pianoforte (il pedale, *the sustain*) che allunga le note nel tempo. Un concetto che già si faceva strada in ambito cattolico fin nel Duecento, all'epoca dei grandi pensatori medievali, ed è finito al centro dell'enciclica *Laudato si'* di papa Francesco.

Il potenziale che una veste può esprimere sul piano religioso e culturale, ma anche sociale, economico e politico, va accolto in chiave positiva. «Imponendo un contegno esteriore, gli abiti sono artifici semiotici ovvero macchine per co-

[3] Francesco d'Assisi, *Regola non bollata*, XXIII-9, FF 70.

[4] Franca Giansoldati, *La Chiesa e lo sviluppo sostenibile: in principio fu il saio di Francesco*, «Il Messaggero», 30.10.2019.

municare» scriveva Umberto Eco nel suo articolo *Il pensiero lombare o del vivere in jeans* che abbiamo già citato in apertura di questo nostro «viaggio». Gli abiti sono così una delle tante forme di manifestazione della nostra personalità. Un oggetto, dunque, da maneggiare con cura, tanto più nella società odierna, afflitta da edonismi e da esasperate apparenze.

«Vestirsi è stato quasi sempre ridotto a qualcosa d'altro, anziché venir considerato nella sua più profonda essenza, e cioè quale immagine della psiche nel corpo e del corpo nella psiche.»[5] Facciamo un breve tentativo di immergerci nella psicologia. Ciò che si ha indosso è una forma di rappresentazione di sé. Un processo che incide su noi stessi e sugli altri e che ha a che fare con la mente: «L'abbigliamento, aggiungendo qualche cosa alle misure apparenti del corpo, in qualche modo ci dà un accresciuto senso di potenza, la sensazione dell'estensione del nostro io corporeo: e in effetti ci fa occupare più spazio».[6]

Non solo psiche: l'abito è intessuto anche di analisi socioeconomiche. Sempre monsignor Piazza fa riferimento alla *Teoria della classe agiata* di Thorstein Veblen e al meccanismo per il quale non sarebbe sufficiente possedere ricchezza e potere per accattivarsi e conservare la considerazione altrui, ma sia necessario porre questi due elementi – ricchezza e potere – in evidenza, affinché tale considerazione sia effettivamente ottenuta e mantenuta.[7]

Occupiamo più spazio e, nel profondo, ne siamo consapevoli. Ciò vale sia per noi stessi, sia per chi ci sta intorno. Occorre dunque che lo spazio che viene occupato sia denso di messaggi costruttivi e sostenibili. La responsabilità che abbiamo nel vestire e nell'agire si riverbera sul prossimo. Facciamo sì che questa nostra potenzialità agisca da sprone positivo sull'altro.

[5] Bianca Garufi, *La moda come relazione corpo-psiche*, «Rivista di Psicologia Analitica», 23, 1981, pp. 53-69.
[6] John Carl Flügel, *Psicologia dell'abbigliamento*, Milano, Franco Angeli, 2002, p. 46.
[7] Orazio Francesco Piazza, *Abitare l'abito che si indossa*, cit.

Gesù e Francesco ribaltano, stravolgono qualunque schema di pensiero fondato sull'apparenza. Cristo e il Santo di Assisi sono quanto di più concreto abbia mai percorso le vie della Terra. Il terzo episodio della vita di san Francesco raffigurato nella *Tavola Bardi*, in Santa Croce a Firenze, riguarda la scelta dell'abito. L'indumento è posto al centro:

> Il cambio dell'abito è un emblema, cioè una raffigurazione simbolica di metamorfosi interiore. Ecco dunque il saio a forma di croce creato da Francesco (a destra vestito ancora da eremita), il quale lo indica (con il lungo bastone, tipico dell'eremita) al Vescovo e al Diacono (a sinistra) che appaiono meravigliati da tanta essenziale semplicità.[8]

La scelta «semplice» di Francesco ci conduce all'essenzialità: la consapevolezza di potere e dovere abitare l'abito che ciascuno di noi indossa. E, attraverso di esso, possiamo cogliere l'essenziale semplicità del nostro agire e di come le scelte che compiamo abbiano rilievo e importanza per gli altri. Le azioni, così come l'abito che abbiamo addosso quando queste vengono compiute, non sono altro che «la verità semplice della persona nella sua effettiva condizione, spesso segnata da fragilità e limiti che, comunque, sono presenti in tutti».[9]

Il viaggio fra la tunica di Gesù e la tonaca di Francesco ci ha permesso di indagare alcuni aspetti comuni nelle esperienze di due uomini «speciali», che hanno segnato in maniera indelebile la storia e la fede. Attraverso questi aspetti, abbiamo cercato di sollecitare il lettore sull'importanza di gesti al tempo stesso tanto semplici quanto rivoluzionari. Ad accomunarli, la fragilità e la sofferenza che hanno caratterizzato le esperienze di entrambi. Al tempo stesso la dirompente potenza di scelte illuminanti, che hanno saputo tracciare nuovi sentieri, indicare la via per i contemporanei e per i posteri. Con le rispettive vesti lasciate come moni-

[8] Dal sito ufficiale della basilica di Santa Croce: *Episodi della vita di san Francesco*, Cappella Bardi, www.santacrocefirenze.it.
[9] Orazio Francesco Piazza, *Abitare l'abito che si indossa*, cit.

to, a futura e perpetua memoria. Starà a noi e a chi verrà la responsabilità di scegliere se abbracciare o no, che sia con spirito religioso o con un approccio laico, la rotta indicata.

Toccare con mano le vesti di Gesù e di Francesco, percepirne coi sensi la consistenza, così da poter resistere al male. In una recente riflessione condivisa con i visitatori del sito sanfrancescopatronoditalia.it, lo psicoanalista Massimo Recalcati ha dato una sua interpretazione, prendendo a prestito le parole di uno dei personaggi di un romanzo tornato tristemente attuale, *La peste* di Albert Camus: «Non bisogna fuggire dalla peste, l'unico modo per resistergli è saper restare» afferma il priore. Saper restare vicini a chi soffre, a chi è travolto dal male. «Ed è lo stesso gesto» suggerisce Recalcati

> che compie Francesco all'inizio della sua conversione, i lebbrosi erano situati fuori dalla città e Francesco mostra che il compito di un cristiano è quello di stare vicino a chi è escluso, agli ultimi, a chi soffre. Ecco, saper restare è un nome, nome forse più alto della cura ... Saper restare uniti anche di fronte alla violenza del male. Questo è ciò che rende umano l'uomo e ciò che ci rende umani oggi.

Saper restare uniti è ciò che ci rende umani, oggi. Allo stesso modo possiamo chiederci quali siano le parole che meglio descrivono san Francesco e il suo messaggio. Cosa può aggiungere il suo esempio all'umanità contemporanea?

In occasione della sua partecipazione al concerto di beneficenza «Con il cuore», nel giugno 2019, Simone Cristicchi ha dato la sua visione del Santo di Assisi, partendo da una frase di don Luigi Verdi: «L'umanità oggi non è stanca perché ha camminato tanto, è stanca perché ha smesso di camminare». Cristicchi, l'artista, ha tenuto nella sala stampa del Sacro Convento quella che è sembrata a tutti gli effetti una «lezione di francescanesimo», descrivendo il suo san Francesco attraverso tre semplici parole di uso comune, ma delle quali non sempre siamo in grado di cogliere l'importanza: attenzione, umiltà, felicità.

Il cantante si è soffermato sull'origine latina del primo termine, *ad-tendo*, cioè tendere a, volgere l'animo a qualcosa:

> un atto rivoluzionario oggi, che ci permette di uscire fuori dal nostro ego, dal nostro orticello e guardare cosa c'è fuori di noi, l'altro, l'ambiente che ci circonda di cui dobbiamo prenderci cura. Attenzione, in un mondo sempre più distratto.

La seconda parola, prosegue Cristicchi,

> è «umiltà», da *humus*, terra. Essere umili, tornare terra, una terra arata, un campo da coltivare. Essere umili significa essere pronti a ricevere i semi di conoscenza e bellezza che tutti ci possono dare. Ognuno ci può insegnare qualcosa.

Infine, «felicità», parola anch'essa con radice latina:

> usata non solo in termini psicologici ma anche in campo agricolo. Quando un albero o un campo dava tanti frutti veniva detto *felix*.

Chiediamoci, come fa Cristicchi, quando possiamo definirci veramente felici: quando le nostre azioni, gli atti che compiamo nelle nostre vite riescono a dare tanti frutti.

Forse, però, l'insegnamento francescano continua a venire frainteso. Al termine di questa avvincente ricerca, più persone mi hanno chiesto di tentare una sintesi del lavoro portato avanti in questi mesi. Mi vengono in mente le parole di un noto predicatore americano, Neale Donald Walsch, riportate nel film *Conversazioni con Dio*. Una donna dal pubblico chiede al predicatore di sintetizzare il messaggio più importante che Dio manda a tutti noi. Ed egli risponde: «Lo ridurrei a quattro parole: "Voi mi avete frainteso"». Credo che questa sia la sintesi. Un messaggio costante, silenzioso, delicato ma al tempo stesso indelebile, sussurrato al nostro cuore da questi due abiti.

Andiamo oltre i fraintendimenti. In tempi di dolore e solitudine, quando sembra giunta la sera, un'ora fatta di paura e smarrimento, «cerchiamo di comprendere» suggerisce papa Francesco nella sua preghiera per la fine della pandemia da Covid-19. Un'omelia solitaria in piazza San Pietro, immagine e contenuto di una potenza unica. Una delle più belle riflessioni consegnate alla storia, su fede e umanità:

La tempesta smaschera la nostra vulnerabilità e lascia scoperte quelle false e superflue sicurezze con cui abbiamo costruito le nostre agende, i nostri progetti, le nostre abitudini e priorità. Ci dimostra come abbiamo lasciato addormentato e abbandonato ciò che alimenta, sostiene e dà forza alla nostra vita e alla nostra comunità. La tempesta pone allo scoperto tutti i propositi di «imballare» e dimenticare ciò che ha nutrito l'anima dei nostri popoli; tutti quei tentativi di anestetizzare con abitudini apparentemente «salvatrici», incapaci di fare appello alle nostre radici e di evocare la memoria dei nostri anziani, privandoci così dell'immunità necessaria per far fronte all'avversità. Con la tempesta, è caduto il trucco di quegli stereotipi con cui mascheravamo i nostri «ego» sempre preoccupati della propria immagine; ed è rimasta scoperta, ancora una volta, quella (benedetta) appartenenza comune alla quale non possiamo sottrarci: l'appartenenza come fratelli. «Perché avete paura? Non avete ancora fede?» Signore, la tua Parola ci colpisce e ci riguarda, tutti. In questo nostro mondo, che Tu ami più di noi, siamo andati avanti a tutta velocità, sentendoci forti e capaci in tutto. Avidi di guadagno, ci siamo lasciati assorbire dalle cose e frastornare dalla fretta. Non ci siamo fermati davanti ai tuoi richiami, non ci siamo ridestati di fronte a guerre e ingiustizie planetarie, non abbiamo ascoltato il grido dei poveri, e del nostro pianeta gravemente malato. Abbiamo proseguito imperterriti, *pensando di rimanere sempre sani in un mondo malato* [*corsivo mio*]. Ora, mentre stiamo in mare agitato, ti imploriamo: «Svegliati, Signore!».[10]

La tunica e la tonaca ci dicono che siamo svelati, nudi, che non possiamo più proseguire imperterriti in un mondo malato. Forse andava aggiunto un altro simbolismo che in questa riflessione ora mi sovviene: sia la tunica sia la tonaca ci rimandano a due corpi nudi. Il primo sulla croce, il secondo sulla nuda terra.

Riconoscere la nostra nudità. Abbracciare la precarietà. Comprendere e accettare che siamo spogliati, deboli, ulti-

[10] Papa Francesco, Momento straordinario di preghiera in tempo di epidemia, sagrato della basilica di San Pietro, 27.03.2020, www.vatican.va.

mi. Ricorriamo ancora una volta alle parole di papa Francesco, nella già citata sua prima visita ad Assisi: «In questo luogo che ci interpella, vorrei pregare perché ogni cristiano, la Chiesa, ogni uomo e donna di buona volontà, sappia spogliarsi di ciò che non è essenziale per andare incontro a chi è povero e chiede di essere amato».[11] Saper andare incontro a chi non chiede altro che amore.

Sono parole che ci offrono un'ultima suggestione, con cui vogliamo lasciare il lettore. Cosa ha dato la forza a Gesù buon Pastore e al suo discepolo Francesco? Nella Passione, nella malattia? Che cosa li ha accomunati nella forza nonostante o, meglio, attraverso il dolore? La tunica e la tonaca possono davvero diventare segni della più pura e alta convinzione spirituale, emblemi di carità e prossimità al Padre?

Profondamente ispiratrice nel percorso di ideazione, scrittura e revisione di queste pagine è stata una delle tante lezioni impartite magistralmente dal cardinale Gianfranco Ravasi, il quale afferma che è pur vero che «Dio soffre in Cristo, ma bisogna anche considerare che Cristo nella sua vita terrena, da uomo, è diventato anche fratello dei sofferenti».[12] Allo stesso modo, azzardiamo, se in minima parte Dio ha vissuto e lasciato traccia in Francesco d'Assisi, è anche attraverso quest'ultimo che il Signore si è fatto prossimo dei mendicanti, dei briganti, così come dei lupi, insomma di tutti gli «ultimi» di questo mondo.

Per non fraintendere il messaggio della Vita, proviamo ad accogliere allora l'ultima riflessione che ci propone il cardinal Ravasi:

> Mi ha sempre interessato anche Ennio Flaiano, agnostico di ottima caratura, che in un testo dalla filigrana autobiografica faceva incontrare Gesù col padre di una ragazza disabile che gli intimava: «Non voglio che tu la guarisca, ma che tu la ami». E nella replica di Cristo, Flaiano offriva una

[11] Papa Francesco, Sala della Spogliazione, Vescovado di Assisi, 04.10.2013.
[12] Gianfranco Ravasi, «Lectio: Il dolore innocente: sfida per la fede», 22.05.2017, www.gemelliart.it.

profonda teologia del miracolo: «In verità vi dico: quest'uomo mi ha chiesto ciò che io veramente posso dare!».[13]

Ci permettiamo, prendendole in prestito, di parafrasare un po' queste ultime righe. Gesù, con indosso la propria veste inconsutile, così come Francesco, coperto con la tonaca della fraternità, innamorati della vita, nient'altro hanno desiderato e compiuto se non ciò che potevano e volevano davvero dare: amore per il prossimo. Per far sentire uomini e donne accolti, compresi e protetti. In una parola, finalmente, amati.

[13] Gianfranco Ravasi, *Atei veraci*, Pontificio Consiglio della Cultura, www.theologia.va/content/cultura/it/organico/cardinale-presidente/texts/espresso/ateiveraci.html. La domanda autobiografica di Flaiano ci fa riflettere su quelle che gli uomini pongono a Cristo e che si fanno tra loro. A differenza delle domande tristi – «Perché noi sì e loro no?» (cfr. *Mc* 2,18-22) –, vogliamo vivere le domande belle, vere e buone. Quelle che ci fanno crescere nell'amore.

XI

La tunica e la tonaca, secondo voi

Mentre veniva ultimata la prima stesura del libro, mi sono confrontato con coloro che seguono la mia pagina Facebook. Al solo accenno alla realizzazione di questo testo, ho riscontrato grande entusiasmo e soprattutto il desiderio di conoscere, approfondire e partecipare.

Abbiamo iniziato a ricevere centinaia se non migliaia di riflessioni, sensazioni, immagini: «La tunica è il Cielo, la tonaca è la Terra»; ma anche: «La tunica è vita e speranza, la tonaca è sole e grano». Sarebbe davvero impossibile citarle tutte. Molte abbiamo cercato di commentarle in diretta, sui social e via mail. Altre le riproponiamo qui. Abbiamo infatti deciso di inserire un capitolo extra per riportare alcuni dei messaggi che ci sono arrivati. Rappresentano il coronamento di un lavoro che ci ha visto crescere insieme, nella fede e nella comunione fraterna. Penso, per esempio, alle parole che ci ha suggerito Maria Rosaria: «La tunica è la testimonianza che Dio è esistito e risorto. La tonaca ci insegna che ogni uomo può essere Dio».

Abbiamo scelto un numero simbolico: ventiquattro messaggi. Dodici sulla tunica, a rappresentarci come discepoli, accanto a Gesù, per provare a toccarne la veste; dodici sulla tonaca di san Francesco, come il numero dei suoi compagni «della prima ora».[1]

[1] Bernardo da Quintavalle, Pietro Cattani, Egidio di Assisi, Sabbatino, Morico di Assisi, Giovanni della Cappella, Filippo Longo, Angelo Tancredi, Giovanni da San

Lasciamo quindi la parola a chi ci ha accompagnato nella realizzazione di questo volume. Ecco alcune delle suggestioni personali sui due personaggi che riempiono le vite di tanti di noi: Gesù e Francesco.

La tunica e Gesù, secondo voi

«Se riuscirò anche solo a toccare il suo mantello, sarò salvata» (*Mt* 9,21). Apriamo simbolicamente questo percorso di arricchimento offerto dalle vostre riflessioni con un passaggio dei Vangeli, già citato nel secondo capitolo di questo libro: la donna che tocca la veste di Cristo e che così viene salvata.

La tunica personifica Gesù, uomo integro e tutto d'un pezzo, senza lacerazioni e incrinature. Senza peccato e contraddizioni, di assoluta purezza e integrità morale. L'abito indossato da san Francesco, pieno di toppe, personifica l'uomo, le sue contraddizioni, tentazioni e piaceri.

A un certo punto, Francesco ha voluto dedicarsi completamente a Cristo e alla sua parola, ha cercato, riuscendovi, di rendersi integro e «tutto d'un pezzo», riparando e rattoppando le debolezze e le tentazioni umane tutte le volte che queste facevano capolino nella sua vita e nella sua mente.

Carmela M.

La tunica di Gesù si racconta che l'abbia tessuta Maria, una veste speciale per un Figlio speciale. Mi piace pensare che gliel'abbia fatta indossare quando ha capito che il suo ragazzo sarebbe andato in giro a predicare e a far miracoli e a casa lo avrebbe rivisto poco. Proprio come facciamo

Costanzo, Barbaro, Bernardo da Vigilante, Silvestro. Ecco poi i compagni «della seconda ora»: Leone, Rufino, Masseo, Ginepro, Illuminato d'Arce, Elia, Pacifico e Giovanni il Semplice. Oltre a questi, ci preme ovviamente ricordare santa Chiara d'Assisi e Jacopa dei Settesoli.

noi mamme quando un figlio deve andare lontano e vogliamo dargli qualcosa che parli del nostro amore per lui.

La tonaca di Francesco non avrebbe potuto prepararla Monna Pica perché sarebbe stata un po' più ricercata e quel figlio «matto» certamente non l'avrebbe indossata. Una cosa è sicura: san Francesco quella tonaca l'ha usata e riusata; era talmente consumata che sorella Chiara ha dovuto più volte rattopparla e ha usato per questo alcuni pezzi del proprio mantello. Un accudimento affettuoso per stargli più vicina.

È bella questa capacità di accarezzare a distanza, con occhi puri e mani gentili. La tunica e la tonaca: due vocaboli di genere femminile che vestono, riscaldano, riparano e proteggono.

Luisella P.

La tunica mi riporta al concetto di unità, come Gesù unico figlio di Dio, come la Chiesa, una, santa, cattolica, apostolica, che professiamo nel *Credo*. Un indumento che è a stretto contatto del corpo di Gesù, conserva, conosce e custodisce l'intimità di Gesù, il calore del corpo, le parti del corpo, il battito del cuore, l'umore, il sudore, l'odore della pelle.

La tonaca è una divisa, un abito. Indica un'appartenenza a un gruppo, a una congregazione, a una spiritualità, a un'idea. È segno esteriore, si indossa sopra altri vestiti. Non appartiene al singolo ma a tanti.

Maria P.

La tunica di Gesù mi ricorda la sua Passione. La spogliazione, per indossare e portare sulla croce i peccati dell'umanità e aprirle la porta della vita eterna.

Il saio di san Francesco mi ricorda la sua semplicità e l'offerta della sua vita a Cristo dopo essersi spogliato delle sue ricchezze, conformandosi allo stesso Gesù nel servizio e nella carità verso il prossimo, senza risparmio di sé.

Silvana T.

La tunica rappresenta l'anima, lo spirito, la parte più intima di noi, uno spirito unico e indivisibile. I valori spirituali della tunica sono confermati nella tonaca, indossata da quanti si sforzano di amare Dio in spirito e verità. È una tonaca profumata di bellezza, bontà e infinita misericordia.

Maria Rita

Amore puro, stesso significato e sostanza. L'abito che parla senza parole. Cosa racconta? Umiltà, semplicità ed essenzialità dell'amore. La tunica ha tracciato la via, la tonaca ha seguito le orme del Maestro. Tunica e tonaca... mistero di ricchezza nella povertà.

Ilaria C. e Flora C.

Tunica e tonaca. La seconda ha senso solo alla luce della prima. La veste di Gesù rappresenta per noi cristiani un indumento di amore, perché ha ricoperto il corpo di Gesù e rimane l'ultimo velo di pudore umano a cui Gesù rinuncia per andare incontro alla volontà del Padre.

La tonaca è segno visibile di vita nuova in Gesù Cristo e pegno di imitazione evangelica. Scelta non perché di valore economico, ma perché abito di virtù.

Stefania G.

Mi piace immaginare la Mamma di Gesù che al telaio tesse la tunica per suo Figlio... ma lei solo ora si accorge che suo Figlio è diventato grande, è cresciuto. Maria custodisce tutto questo nel suo cuore e le lacrime che scorrono bagnano la trama del tessuto. Maria tesse, senza cuciture, comincia dall'alto per arrivare alla parte bassa, dalle cose del cielo alle cose della terra, dalla destra di Dio al seno di Maria. Il Verbo che si incarna, la Parola di vita che si fa pane per saziare la fame del mondo.

Caterina V.

La tunica mi riporta alla mente la visione di Gesù nella trasfigurazione sul monte Tabor. Luce che avvolge, irradia e illumina il mondo. Trasparenza del corpo di Cristo.

La tonaca, opaca, scura, triste, intrisa di peccato umano, dolorosa e corporale come san Francesco, umile fraticello di Dio.

Marilena M.

Cristo va incontro al Padre col suo solo corpo, privo di ogni orpello, dopo aver sacrificato la vita per noi uomini, come richiestogli dal Padre. Il cammino di Francesco è un ripercorrere le orme di Gesù, andando incontro a Dio, nella nuda povertà del corpo, raccogliendo quello che è il testimone lasciatogli da Cristo prima che salisse sulla croce.

Il «testimone» è proprio il più semplice e unico orpello di stoffa che Francesco modella sulla figura della croce, estremo sacrificio di Cristo. Il testimone-tunica viene raccolto da chi sceglie di vivere per lui, emblema della vita che continua in lui, e che diventa tonaca, simbolo della croce.

Daniele G.

La prima cosa a cui ho pensato è stata l'essenzialità di entrambi gli abiti, purezza e semplicità. La purezza della tunica di Gesù mi fa pensare alla purezza di un animo accogliente, ovunque e sempre. La semplicità della tonaca di san Francesco mi fa pensare all'umiltà e alla genuinità del suo essere.

Alessandra C.

Tunica e tonaca hanno in comune una cosa su tutte: il dono. Penso allo spogliarsi solo apparentemente dei vestiti, ma in realtà spogliarsi di se stessi, dei nostri pensieri, del nostro essere alla guida di tutto, di voler pianificare, organizzare tutto, cadendo nello scoraggiamento e nello sconforto quando qualcosa non va come desideriamo, il che capita quasi sempre! Francesco lo aveva capito o, meglio, aveva sentito nel suo cuore, ascoltato e compreso questo richiamo d'amore infinito, forte, potente e affascinante, che solo Dio può creare. La tonaca e la tunica: spogliarsi di noi stessi, dell'uomo vecchio, per essere dono e andare verso l'arcobaleno di gioia che ci promette Gesù.

Simona M.

La tonaca e san Francesco, secondo voi

«Incontrò una volta un cavaliere, nobile ma povero e mal vestito, e, commiserando con affettuosa pietà la sua miseria, subito si spogliò e gli fece indossare i suoi vestiti. Così, con un solo gesto, compì un duplice atto di pietà, poiché nascose la vergogna di un nobile cavaliere e alleviò la miseria di un uomo povero.»[2] Prendiamo spunto dalla condotta da secolare di Francesco. Cogliamo in questo suo gesto di pietà un suggerimento e uno stimolo. Affianchiamolo nella sua vita beata, identifichiamoci con lui, camminiamo con lui.

Maria: san Francesco si spoglia di tutto. Anche noi, in questo momento, siamo spogliati di tutto, ma abbiamo la certezza nel nostro Dio, presente e vivo. Come Francesco, cerchiamo col suo aiuto di ricostruire un mondo fatto di semplicità e amore.

Silvana: san Francesco è vestito del colore degli alberi, rappresenta per me la certezza che un cammino semplice, una vita essenziale portano alla gioia del cuore. Il manto bianco di Gesù per me rappresenta la luce, che riscalda un cammino altrimenti buio.

Maria e Silvana (mamma e figlia)

[2] San Bonaventura, *Legenda maior*, I-2, FF 1030.

Tunica e tonaca: un intreccio di fili di tessuto semplice, senza pretese ma ricco di storia viva e sentimenti. Tutti noi indossiamo una tunica, essa può essere il nostro rivestimento o la nostra bandiera identificativa. San Francesco si spogliò dei suoi averi, dei ricchi abiti e delle sue comodità. Andare all'essenziale, non sprecare ciò che prima avrei gettato! Nulla si spreca ora.

Anna Laura B.

A me cosa dice quella tonaca? Mi interroga, mi scruta, legge in me le difficoltà quotidiane, le ansie e le paure che mi porto dentro. Ma quella tonaca mi porta anche la serenità di cui ho bisogno, perché sono certa che quell'abito logoro è intriso della misericordia che Dio ha concesso a colui che lo porta.

Rosa Maria A.

Quando ero piccina mio nonno soleva dire: «*Me mete la tonega perché go de fa laora pesanc*»: indosso la mia divisa, magari rattoppata, non perfettamente pulita ma forte, per sbrigare questo lavoro più pesante e difficile del solito. Questo per me il significato di tonaca: togliere gli orpelli che caratterizzano il nostro essere, quali il fare le cose per riconoscimento, vanagloria e orgoglio, per indossare l'abito della semplicità, del servizio umile e dignitoso, dell'essere io per gli altri.

«Tunica» la associo alle meravigliose vesti dei bambini della Prima comunione. Segno di candore, entusiasmo, pura gioia per l'incontro con Gesù.

Vincenza O.

Penso che la tunica di Francesco sia la stessa che portava Gesù, almeno idealmente e spiritualmente. Entrambe sono piene di sofferenza e, secondo il disegno di Dio, di sacrificio fino alla morte per la salvezza dell'uomo. Ci sarebbe tanto bisogno di tornare a considerare di più l'ambiente e la natura, tanto cari a Francesco, e di fermarci a pensare, di smettere di correre una vita forsennata.

Riccardo A.

La tonaca, oltre a essere la veste di frati e suore, è lo strato di terra di cui si rivestono i modelli dai quali si ricava la forma... viene in mente Dio, il vasaio che ci ha creato dalla terra e ci modella con le sue mani, se noi lo lasciamo agire nella nostra vita!

Anna Rita P.

La tunica: Gesù la porta durante la sua via crucis; ha dato valore al sacrificio, alla sofferenza, al dolore, anche alla morte in croce. È segno di regalità. Mi piace guardare il crocifisso di San Damiano, Gesù vivo, Cristo risorto.

La tonaca: Francesco vive la sua regalità dando valore al sacrificio, alla sofferenza, al dolore, alla malattia e anche alla morte. Tutto questo non lo schiaccia, infatti dice: «Ogni pena mi è diletto». Nel *Cantico delle creature* fa scrivere: «Laudato si', mi Signore, per sora nostra Morte corporale».

Enza C.

La tunica personifica l'uomo nel suo essere peccatore. Gesù se ne fa carico indossandola e la purifica con la sua morte e resurrezione.

La tonaca di san Francesco rappresenta la conversione dell'uomo alla fede cristiana e, indossata, lo rende libero di amare e operare in misericordia e carità. È la speranza, per chi la veste, di creare un mondo fatto di pace e umanità.

Domenico C.

La tonaca di Francesco, calice di amore per Cristo. A Gesù è stata tolta la tunica. Francesco l'ha raccolta, ci si è sdraiato sopra e nello spirito ha lasciato che si imprimessero le piaghe, la luce e la redenzione di Cristo, affinché nella sua più profonda umiltà, si sprigionasse tra gli uomini la presenza di Dio. Raccolti i suoi compagni, Francesco ha dato un nome alla veste di rinuncia, di umiltà e di amore, e da allora ognuno dei fratelli ha indossato una tonaca, a desiderio della somiglianza con Cristo.

Elisabetta C.

Il fatto che la tunica sia senza cuciture potrebbe simboleggiare la grandezza di Dio. Il principio e la fine, Dio uno e trino. La tessitura fatta dall'alto verso il basso potrebbe essere vista come l'unione fra Dio e l'uomo, fra cielo e terra. Siamo un'unica grande cosa uniti a Dio.

La tonaca di san Francesco, formata da tanti piccoli pezzi di stoffa messi insieme, rappresenta quello che ha fatto san Francesco nella sua vita. Quando il crocifisso di San Damiano parlò al nostro amato Santo, gli chiese di mettere insieme i pezzi della sua Chiesa. Ed è quello che lui ha fatto: ha unito gli uomini, dedicandosi ai più poveri e bisognosi, unendoli nell'amore di Dio.

Sofia G.

La tunica per me rappresenta l'amore di Dio verso gli uomini: un amore così grande da donare la vita per tutti i nostri peccati, per la salvezza dell'anima e per indicarci la strada del bene. Solo un amore così riempie l'universo di serenità e dolcezza. Una carezza quotidiana per darci forza e sconfiggere il male che ci circonda.

La tonaca rappresenta sorella Povertà, l'anima povera che si riempie dell'amore di Dio e fa compiere cose straordinarie. San Francesco ha vissuto in funzione di Dio e degli altri volendo vivere in semplicità e povertà. Gli umili di cuore aprono l'anima a Dio e fanno sì che Lui possa operare in loro cose meravigliose.

Eva D.

Tunica e tonaca cantano la stessa melodia soave dell'amore. Sono simboli dell'amore di Dio, che tutto perdona. Il vero amore, che uomini e donne cercano, senza saperlo. La missione di Gesù e san Francesco è di intonare la nostra vita finché profuma d'amore, finché diventa poesia armonica di note musicali. «Melodia», in inglese si dice *tune*, che ci ricorda la tunica. La tonaca è in assonanza con un altro termine inglese: *tone*, che significa sfumatura, tono. Che la nostra vita sia sempre una melodia di lode al Signore.

Brigitta P.

Queste ventiquattro citazioni ci dicono sostanzialmente due cose. La prima, che si tratta di compiere una scelta nella nostra vita: Dio o Mammona (*Mt* 6,24). Un aut-aut. Perché un'alternativa così radicale? Perché Gesù pone una scelta e vede nel denaro addirittura un anti-Dio. E perché la tunica e la tonaca esprimono questa alternativa. Perché il denaro porta al possesso, all'avidità, alla voracità. Mentre Gesù propone la strada della compassione, della veracità e della sicurezza dell'esistenza umana. Il denaro è fonte di insicurezza, Dio è fonte di sicurezza. «Il denaro possiede il potere» afferma Drewermann

> di placare in apparenza le nostre angosce esistenziali più importanti, angosce che abbiamo solo noi esseri umani e che perciò ci costringono di continuo a cercare risposte smodate e illusorie.[3]

[3] Eugen Drewermann, *Il Vangelo di Marco*, Brescia, Queriniana, 1994, p. 296.

La seconda, che si tratta di accettare e accogliere la nostra intrinseca povertà, a partire da Dio, e rendere così il nostro cuore capace di amare. Ed è quello che la tunica e la tonaca desiderano dirci: ogni vita, ogni singola vita possiede in sé la straordinaria e meravigliosa capacità di innalzarsi al cielo, come dimostrano i vostri messaggi. Di percepire Dio come padre, accanto a ciascuno di noi, che ci accompagna, ci protegge, ci ripara, ci guida. Questa percezione ci fa buttare via la zavorra che sovraccarica la nave della nostra vita, per raggiungere felicemente il porto o, se volete, l'altra riva.

È quello che ha vissuto Francesco d'Assisi, con una percezione semplice e straordinaria: l'altro non è più un complice, un nemico o un concorrente, ma un fratello, una sorella. È questo il sentimento di una nuova comunione, di una nuova fraternità, che permette di non essere più separati dagli steccati, rendendo la vita più ricca e feconda, più agiata e più radicata. E arriverà il centuplo in case, prole, madri e campi (*Mc* 10, 29-30). Forse la più bella ricompensa.

Bibliografia

Per quanto attiene alle fonti, nel citare gli scritti di Francesco e le fonti agiografiche faccio riferimento a: Ernesto Caroli (a cura di), *Fonti francescane. Nuova edizione*, Padova, Editrici francescane, 2011. Per quanto attiene alla narrazione biografica e alla datazione degli scritti ho fatto particolare riferimento a Carlo Paolazzi (a cura di), *Francesco d'Assisi, Scritti*, Grottaferrata, Quaracchi, 2009.

Baldini, Nicoletta e Conti, Susanna, *Il saio delle stimmate di san Francesco d'Assisi. Storia e conservazione*, Firenze, Centro Di, 2010.

Benedetto XVI, *Gesù di Nazaret*, Città del Vaticano, Libreria Editrice Vaticana, 2011.

Bo, Carlo, *Se tornasse san Francesco*, Roma, Castelvecchi, 2013.

Buonarroti, Filippo, *La gerarchia ecclesiastica considerata nelle vesti sagre e civili*, Roma, 1720.

Cacciari, Massimo, *Doppio ritratto. San Francesco in Dante e Giotto*, Milano, Adelphi, 2012.

Cantagalli, Domenico, *Lettera sopra la veste inconsutile di Gesù Cristo*, in Francesco Zaccaria (a cura di), *Raccolta di dissertazioni di storia ecclesiastica*, vol. 1, Roma, 1840.

Cardini, Franco, *Francesco d'Assisi*, Milano, Mondadori, 2017.

Damosso, Piero e Fortunato, Enzo, *Francesco e il sultano. 800 anni da un incredibile incontro*, Cinisello Balsamo, San Paolo, 2018.

Drewermann, Eugen, *La ricchezza della vita*, Brescia, Queriniana, 1998.

–, *Il cielo aperto. Prediche per l'Avvento e il Natale*, Brescia, Queriniana, 1997.

–, *Il Vangelo di Marco*, Brescia, Queriniana, 1994.

Flügel, John Carl, *Psicologia dell'abbigliamento*, Milano, Franco Angeli, 2002.
Fortunato, Enzo, *Francesco il ribelle*, Milano, Mondadori, 2018.
Frugoni, Chiara, *Storia di Chiara e Francesco*, Torino, Einaudi, 2011.
Garufi, Bianca, *La moda come relazione corpo-psiche*, «Rivista di psicologia analitica», 23, 1981.
Hausherr, Irénée, *Philautía*, Magnano, Qiqajon, 1999.
Lécu, Anne, *Hai coperto la mia vergogna*, Cinisello Balsamo, San Paolo, 2019.
Leroy, Jean-Charles, *La tunica di Gesù*, Siena, Cantagalli, 2011.
Marangoni, Giovanni, *Delle cose gentilesche, e profane: trasportate ad uso, e adornamento delle chiese*, Roma, 1744.
Marshall, Bruce, *A ogni uomo un soldo*, Milano, Jaca Book, 1995.
Merlo, Grado Giovanni, *Frate Francesco*, Bologna, il Mulino, 2013.
Moroni, Gaetano, *Dizionario di erudizione storico-ecclesiastica da san Pietro sino ai nostri giorni*, vol. 77, Roma, 1856.
Palei, Graziella, *L'eredità del Padre*, Padova, Messaggero, 2007.
Raffard de Brienne, Daniel, *Dizionario della Sindone*, Cantalupa, Effatà, 1998.
Ravasi, Gianfranco, *Breviario laico*, Milano, Mondadori, 2006.
–, *La buona novella*, Milano, Mondadori, 1998.
–, *Mattutino*, Casale Monferrato, Piemme, 1993.
Scalfari, Eugenio, *Incontro con Io. Un viaggio nella memoria alla scoperta di sé*, Milano, Rizzoli, 1995.

Ringraziamenti

Permettetemi di ringraziare i compagni di viaggio che ho incontrato sulle nuove piazze, quelle virtuali che anche san Francesco avrebbe percorso e che, nel mio piccolo, attraverso la pagina Facebook, cerco di coltivare, facendo di una rete di cavi digitali una rete di persone che si sono viste e ritrovate, che sono diventate amiche e hanno vissuto lo stesso anelito: l'ancoraggio alla spiritualità in un momento di difficoltà delle nostre vite quale è l'era Covid-19. E abbiamo cominciato a dirci: «Buongiorno, brava gente».

Penso poi alla nostra fraternità francescana del Sacro Convento d'Assisi, a partire dal suo custode, padre Mauro Gambetti, con i suoi settanta frati e più, provenienti da ventuno nazioni. Tutti mi avete incoraggiato nel proporre questa riflessione.

Non posso dimenticare la nostra redazione «San Francesco»: Milena, Luisa, Alessio, Roberto, Andrea e Francesco. Un grazie particolare a Francesco Bonaduce, senza il quale non avrei potuto dare alle stampe questo prezioso testo, e che mi ha aiutato a mettere ordine nelle idee e nei pensieri.

Compagni di viaggio in questo percorso sono inoltre stati alcuni studiosi, ai quali va il mio affetto filiale: monsignor Felice Accrocca, Giovanni Grado Merlo, Pietro Maranesi e Franco Cardini. Un grazie anche all'affettuoso e mite fratello professor Stefano Brufani. E, non ultimo, a un amico ritrovato, artista e genio contemporaneo, Mimmo Paladino, francescano nel cuore e nello stile.

Mondadori Libri S.p.A.

Questo volume è stato stampato
presso ELCOGRAF S.p.A.
Stabilimento - Cles (TN)

Stampato in Italia - Printed in Italy